Mode d'emploi

Carême à l'école des saints ! Voilà qui promet d'être triste ! Détrompez-vous, « la loi de Dieu est une loi toute d'amour et toute douce », nous dira saint François de Sales ! Si bien que notre carême sera un bain de jouvence dans les écrits des saints, pour retrouver la vigueur de notre baptême comme un nouveau printemps.

Le chrétien est un pèlerin sur la route, et comme on visite une église en traversant un village, nous marcherons vers Pâques en découvrant les beautés de notre Tradition spirituelle. Comme un pèlerin encore, nous choisirons pour notre méditation une phrase de la liturgie du jour : quarante jours pour parcourir vingt siècles et reprendre conscience de notre chance d'être chrétien.

Consacrons au moins un quart d'heure par jour à lire et à méditer ces textes : un quart d'heure d'éternité, qui nous fera retrouver dans toute sa fraîcheur la joyeuse annonce de notre salut !

Mercredi 14 février 2024, Mercredi des Cendres

Jeûne et abstinence de viande

Liturgie de ce jour

« Revenez à moi de tout votre cœur ! »

Pauvre vie chrétienne, que tu es peu connue, que tu es malmenée ! Quelques-uns t'estiment du bout des lèvres ; mais très peu te placent au milieu de leur cœur. Oui, Jésus, je veux être à vous, je vous servirai, mais en la manière que vous voudrez, soit en agissant, soit en souffrant, soit en contemplant : je ne m'attacherai à rien qu'à vous. Je veux être dégagé de toutes créatures, pour vous trouver, et ne posséder que vous seulement.

Jean de Bernières-Louvigny, Le Chrétien intérieur

Certes, nous sommes baptisés, ou nous allons l'être, mais nous n'en finissons pas de devenir chrétien ! C'est que « Dieu avance avec l'homme au pas de l'homme », nous dit saint Jean de la Croix, et chaque année, de carême en carême, il nous faut reprendre notre marche de pèlerin sur le chemin de l'Évangile.

Avant de parler d'efforts, de privations et autres pénitences, parlons du carême comme d'une affaire de cœur : « Revenez à moi de tout votre cœur… Déchirez vos cœurs et non pas vos vêtements… » nous dit la liturgie de ce Mercredi des cendres. Parce qu'il s'agit d'amour, loin d'être un temps de tristesse, le carême sera un temps que nous vivrons dans le recueillement avec celui que nous aimons et qui nous aime par-dessus tout, et c'est avec la fraîcheur d'un cœur renouvelé que nous aborderons dans quarante jours le mystère de Pâques :

la mort et la résurrection de Jésus ne s'expliquent que par l'amour avec lequel il a donné sa vie pour nous sauver de la mort.

Si ton côté a été transpercé, ô Jésus, c'est pour que nous puissions y entrer ; si ton cœur a été blessé, c'est pour que nous puissions y demeurer, et demeurer en toi à l'abri des agitations du monde. Et c'est aussi pour qu'au-delà de la blessure visible, nous puissions voir la blessure invisible de l'amour : comment cette ardeur amoureuse pourrait-elle mieux se manifester, qu'en permettant à la lance de te transpercer le cœur, au-delà du corps, la blessure charnelle révélant la blessure spirituelle ?

Saint Bernard, Traité sur la Passion du Christ

« Demeurer en toi à l'abri des agitations du monde » :

Maintenant, petit homme, fuis pour un moment tes occupations, retire-toi quelque peu de l'agitation de tes pensées, rejette le poids de tes soucis, renvoie à plus tard tes pénibles obligations : occupe-toi un peu de Dieu, repose-toi un peu en lui ; entre dans la chambre de ton esprit, fais-en sortir tout ce qui n'est pas Dieu ou qui ne t'aide pas à sa quête, et une fois la porte fermée, mets-toi à son écoute.

Saint Anselme, Proslogion

En ce premier jour de carême, commençons par prendre le temps de ce cœur à cœur avec Jésus. Demandons-lui sa lumière et sa force pour vivre ces quarante jours avec lui, et retrouver ainsi l'élan de notre baptême.

Jeudi 15 février 2024

Liturgie de ce jour

« Je mets devant toi la vie ou la mort, la bénédiction ou la malédiction. »

Serions-nous capables de dire les engagements que nous avons pris au jour de notre baptême ? Non ? Alors, il nous faut commencer par là notre carême, pour que la nuit de Pâques ne nous prenne pas par surprise, mais corresponde à un véritable renouvellement de notre vie chrétienne.

Voici la première question qui nous a été posée : « Pour vivre dans la liberté des enfants de Dieu, rejetez-vous le péché ? » et nous avons répondu : « Je le rejette. » Il va s'agir durant quarante jours de retrouver la vraie liberté :

Les mondains, qui vivent au gré de leurs désirs, qui ne se gênent sur rien, paraissent libres, et ne le sont pas. Ils deviennent bientôt esclaves de leurs passions, car il n'est point d'homme livré à ses passions qu'elles ne mènent beaucoup plus loin qu'il ne veut, qu'elles ne tiennent comme enchaîné, et qu'elles ne forcent en quelque sorte à faire ce qu'il condamne : tel est l'empire d'une malheureuse habitude.

Jean-Nicolas Grou, Manuel des âmes intérieures

Et voici la deuxième question qui nous a été posée : « Pour échapper à l'emprise du péché, rejetez-vous ce qui conduit au mal ? » et nous avons répondu : « Je le rejette. » Tant de choses, sans être vraiment mauvaises, nous conduisent au mal : on pactise avec l'injustice en trichant dans sa déclaration de revenus, avec la gourmandise sous prétexte qu'il faut savoir recevoir ses amis, avec la paresse sous prétexte qu'il faut se reposer ! Durant quarante jours, nous éviterons les chemins qui conduisent au mal en prenant directement les chemins qui nous conduisent au bien :

La plupart de ceux qui sont sincèrement chrétiens, mais faibles et lâches dans la pratique de leur devoir, ne sont pas libres non plus. Les occasions les entraînent ; ils cèdent à la moindre tentation ; le respect humain les subjugue ; ils veulent le bien, et mille obstacles les en détournent ; ils détestent le péché, et ils n'ont pas la force de s'en éloigner. Or, ce n'est pas être libre, que de ne pas faire le bien qu'on aime, et de faire le mal qu'on n'aime pas.

Idem

Et enfin la troisième question : « Pour suivre Jésus, le Christ, rejetez-vous Satan qui est l'auteur du péché ? » et nous avons répondu : « Je le rejette. » Notre combat est contre quelqu'un Satan, mais il ne pourrait rien contre nous sans notre complicité :

Mon grand ennemi, celui par lequel nos autres ennemis, le démon et le monde, peuvent tout contre moi, c'est moi-même, c'est ce vieil homme, ce funeste rejeton d'Adam pécheur ; c'est cet amour-propre né avec moi, développé en moi avant l'usage de ma raison, fortifié par mes passions, par les ténèbres de mon entendement, par la faiblesse de ma volonté, par l'abus que j'ai fait de ma liberté, par mes péchés et mes mauvaises habitudes. Ah ! Seigneur, que le vieil Adam soit tout à fait détruit en moi, et que le nouvel Adam, qui est Jésus-Christ, règne à sa place !

Idem

Vendredi 16 février 2024

Abstinence de viande

Liturgie de ce jour

« Ce n'est pas en jeûnant comme vous le faites aujourd'hui que vous ferez entendre là-haut votre voix ! »

Dans la pratique actuelle de l'Église, le jeûne n'est plus guère que symbolique. Aussi devons-nous nous rappeler que le jeûne ne se limite pas aux privations alimentaires : il fait partie d'un équilibre que le carême nous invite à retrouver dans tous les domaines. En ce premier vendredi de carême, prenons le temps de remarquer le superflu dans nos vies : ce que nous achetons « pour nous faire plaisir », mais sans besoin réel ; les heures que nous passons sur Internet sans autre motif qu'une vague curiosité « pour savoir ce qui se passe » ; l'achat d'un véhicule supérieur à nos besoins, mais qui nous posera au regard du voisinage…

Ô jeûne bienheureux, où l'âme jeûne tout entière et tient tous les sens dans la privation du superflu ! Ô sainte abstinence, où l'âme, rassasiée de la volonté de Dieu, ne se nourrit jamais de sa volonté propre !

François de La Mothe-Fénelon, Entretien pour le carême

N'ayons pas peur d'entrer dans les détails :

Ce n'est rien de jeûner des viandes grossières qui nourrissent le corps, si on ne jeûne aussi de tout ce qui sert d'aliment à l'amour-propre. Ô sainte abstinence, où l'âme, rassasiée de la volonté de Dieu, ne se nourrit jamais de sa volonté propre ! Que mon âme se nourrisse dans le silence en jeûnant de tous les vains discours ! Dans les conversations innocentes et nécessaires, je retrancherai ce que vous me ferez sentir intérieurement qui n'est qu'une recherche de moi-même. Quand je me sentirai porté à faire là-dessus quelque sacrifice, je le ferai gaiement.

Mais d'ailleurs, ô mon Dieu ! je sais que vous voulez qu'un cœur qui vous aime soit au large. Loin, loin, cette sagesse triste et craintive qui se ronge toujours elle-même, qui tient toujours la balance en main pour peser des atomes, de peur de rompre ce jeûne intérieur ! C'est vous faire injure que de n'agir pas avec vous avec plus de simplicité : cette rigueur est indigne de vos entrailles paternelles. Vous voulez qu'on vous aime uniquement : voilà sur quoi tombe votre jalousie ; mais quand on vous aime, vous laissez agir librement l'amour, et vous voyez bien ce qui vient véritablement de lui. Je jeûnerai donc, ô mon Dieu ! de toute volonté qui n'est point la vôtre, mais je jeûnerai par amour dans la liberté et dans l'abondance de mon cœur. Malheur à l'âme rétrécie et desséchée en elle-même, qui craint tout, et qui, à force de craindre, n'a pas le temps d'aimer et de courir généreusement après l'Époux !

Oh ! que le jeûne que vous faites à l'âme sans la gêner est un jeûne exact ! Il ne reste rien au cœur que le Bien-Aimé. Voilà, Seigneur, le sacrifice de ceux qui vous adorent en esprit et en vérité : c'est par ces preuves qu'on devient digne de vous.

François de La Mothe-Fénelon,
Méditations tirées de l'Écriture Sainte

Samedi 17 février 2024

Liturgie de ce jour

« Si tu combles les désirs du malheureux, ta lumière se lèvera dans les ténèbres. »

La remise en ordre de notre vie que nous avons envisagée hier, entraîne celle de nos relations avec notre prochain, c'est-à-dire de notre vie fraternelle. Si bien que dans la Tradition de l'Église, à côté de la prière et du jeûne, l'aumône ou le partage constitue la troisième composante essentielle du Carême, qui résulte des deux premières :

Il ne faut pas que nous nous contentions de jeûner, il faut encore que la prière accompagne notre jeûne, et qu'elle tienne même le premier rang. Celui qui prie et qui jeûne n'a plus besoin de tous les faux biens de la terre, et celui qui n'a plus besoin de ces biens en est d'ordinaire fort détaché, et est toujours prêt à faire l'aumône.

Saint Jean Chrysostome, Homélie LVII sur saint Matthieu

Au-delà d'un geste de générosité et d'humanité, partager est un geste de foi et d'amour, car

C'est beaucoup moins pour le soulagement de l'indigence, que Dieu a ordonné l'aumône, que pour l'avantage de ceux qui la font. « Ne donnez pas, dit saint Paul, avec tristesse et comme par force ; car Dieu aime celui qui donne avec joie » (II Co 9, 7) ; non simplement celui qui donne, mais celui qui est heureux de donner. La nature de l'aumône consiste à donner avec joie, et à croire qu'on reçoit plus qu'on ne donne.

Saint Jean Chrysostome, Homélie sur l'aumône

Partager est imiter la générosité de Dieu envers nous, et mieux encore, vivre l'amour même de Dieu en lui permettant d'aimer avec notre cœur et de donner avec nos mains :

Quand on a bien entré dans le cœur de Jésus-Christ, la grâce fait découvrir combien cette charité divine a été gratuite, généreuse et magnifique. Or il veut que notre charité pour le prochain soit réglée sur ce divin modèle, et que nous l'aimions hautement, c'est-à-dire, par des motifs tout divins, et pour accomplir le bon plaisir de Dieu qui nous a fait ce commandement de l'amour fraternel. Il veut que nous aimions notre prochain aussi généreusement que lui, c'est-à-dire sans prendre garde aux aversions et antipathies naturelles, aux imperfections qui nous choquent, aux maux ou aux torts que les autres nous ont pu faire, si ce frère est de bonne ou mauvaise humeur, s'il correspond ou non à notre amitié. Il veut que nous exprimions en nous la perfection de notre Père céleste, qui fait pleuvoir sur les bons et sur les méchants, et de Jésus-Christ qui a enfermé dans son sacré cœur, durant sa vie mortelle, tous les hommes, même ses plus grands ennemis.

Jean de Bernières-Louvigny, Le Chrétien intérieur

Pour finir de mettre en place notre carême, décidons dès maintenant un geste de partage substantiel qui correspondra lui aussi à la remise en ordre de notre vie. Par exemple, pourquoi ne pas affecter au soulagement d'une détresse proche de nous, les économies liées à la prise de conscience de nos dépenses superflues, telles que nous les avons envisagées hier ?

Dimanche 18 février 2024, premier dimanche de Carême

Liturgie de ce jour

« Convertissez-vous et croyez à l'Évangile. »

Les premiers jours de carême nous auront fait prendre conscience de l'écart que nous aurons laissé se creuser entre notre baptême et notre vie concrète. Mais ne nous y trompons pas : on ne se convertit pas à quelque chose, mais à quelqu'un. Il s'agit moins de nous efforcer d'être plus vertueux, que de nous mettre humblement en dépendance de celui qui vient nous partager sa vie éternelle. L'humilité, cette disponibilité filiale devant Dieu notre Père, est le point de départ de toute vertu véritable :

On a vu des païens qui ont mené une vie austère, qui ont gardé un silence étonnant, et qui ont laissé des exemples d'une justice qui doit remplir de confusion bien des chrétiens. Mais, dit saint Augustin, les païens n'ont point traité de la vertu d'humilité : elle n'a jamais été connue parmi eux, et c'est le seul Saint-Esprit qui en est le docteur.

Habituellement, nous ne sommes pas vraiment méchants ! Mais être chrétien n'est pas être gentil, mais être fils de Dieu :

L'esprit vraiment humilié ne se trouve point dans l'esprit purement humain : il faut que l'esprit de Jésus-Christ anéanti s'y trouve, si l'on veut qu'il y soit. Cependant, si c'est la vertu des véritables chrétiens, celui qui est disciple du Fils de Dieu ne peut s'en dispenser. Cette vertu est donc d'une nécessité absolue. Notre céleste Maître ne nous l'a pu enseigner en des termes plus clairs et plus expressifs que ceux-ci : « En vérité je vous dis que si vous ne vous convertissez et ne devenez comme de enfants, vous n'entrerez point dans le royaume des cieux. »

« Devenir comme des enfants ! » Nous en sommes tous capables ; c'est même la seule chose dont nous soyons tous capables, et pourtant c'est ce que nous voulons le moins, tant le péché originel nous incruste dans l'orgueil de vouloir se passer de notre Père. Et cette conversion tient pourtant à si peu de chose :

Pour être chrétien, il faut avoir la simplicité de l'enfant, être petit comme un enfant, être petit à ses propres yeux, bien aise de l'être aux yeux des autres, et ne devenir jamais grand par aucune propre élévation. Cependant, que faisons-nous ? Chacun dit qu'il veut se sauver, chacun dit qu'il veut entrer dans le royaume des cieux, et l'on ne pense guère à entrer dans l'enfance chrétienne, c'est-à-dire dans une véritable simplicité et une véritable humilité, quoique sans cela toute espérance nous soit ôtée du bonheur éternel auquel nous aspirons.

En ce début de carême, ne nous trompons pas de combat, ou plutôt, ne nous trompons pas d'effort :

Sans les grandes austérités corporelles, dont tout le monde n'est pas capable, et quelques autres vertus semblables, on peut bien aller au ciel, mais jamais sans l'humilité.

Henri-Marie Boudon, Le triomphe de la Croix

Lundi 19 février 2024

Liturgie de ce jour

**« Soyez saints,
car moi, le Seigneur votre Dieu, je suis saint. »**

La sainteté nous semble souvent au-dessus de nos forces. Et c'est normal ! La sainteté n'est pas naturelle, mais sur-naturelle : elle est don de Dieu, vie de Dieu en nous ; plus encore : Dieu vivant en nous. Aussi est-elle aussi facile pour celui qui s'abandonne amoureusement à Dieu, que difficile pour celui qui prétend la conquérir à la force du poignet :

Il n'y a rien de si aisé, de si commun, ni de si présent dans les mains de tout le monde que la sainteté ! De même que le bon larron et le mauvais n'avaient pas des choses différentes à faire et à souffrir pour être saints, ainsi deux âmes, dont l'une est mondaine et l'autre tout intérieure et spirituelle, n'ont rien de plus à faire et à souffrir l'une que l'autre : celle qui se damne, se damne en faisant par fantaisie ce que l'autre qui se sauve fait par soumission à la volonté de Dieu : ce n'est donc que le cœur qui est différent.

La conversion à laquelle nous étions invités hier ne nous demande rien d'autre que la foi, c'est-à-dire la confiance en Dieu. Non pas une confiance de démission, qui se débarrasse de ses devoirs en en chargeant les autres ; mais une confiance d'adhésion à la volonté de Dieu, dans la certitude qu'il ne demande jamais que ce qu'il commence par donner :

Ô chères âmes qui lisez ceci, il ne vous en coûtera pas davantage : faites ce que vous faites, souffrez ce que vous souffrez, il n'y a que votre cœur seul à changer. Ce qu'on entend par le cœur, c'est la volonté ; ce changement consiste donc à vouloir tout ce qui vous arrive par l'ordre de Dieu. Oui, la sainteté du cœur est un simple fiat, une simple disposition de volonté conforme à celle de Dieu. Qu'y a-t-il de plus aisé ? car qui ne peut aimer une volonté si aimable et si bonne ? Et par ce seul amour tout devient divin.

Jean-Pierre de Caussade, L'Abandon à la Providence divine

Oui, heureux celui qui, ayant donné son esprit et son cœur à Dieu, ne sait plus s'il a un esprit et un cœur ; il ne regarde pas même à ce que Dieu fait en lui. Heureux celui qui pratique la vertu sans songer qu'il la pratique ; qui prie sans savoir comment il prie ni même s'il prie ; qui aime, sans s'occuper de son amour ; qui marche sans connaître la voie, sans voir son progrès ; qui est, en un mot, dans un parfait oubli de soi-même, et qui, sans soin, sans réflexion, sans attention, se repose pleinement dans le sein de Dieu, comme un petit enfant sur le sein de sa mère.

Qu'est-ce qui honore Dieu ? Nos grandes actions, nos grands projets ? Nos grandes austérités, nos longues prières, nos pratiques multipliées ? Ou même nos croix, nos souffrances de toute espèce ? Non, rien de tout cela par soi-même n'honore Dieu. L'orgueil peut empoisonner tout cela, l'esprit propre, la volonté propre, peuvent en être le principe ; et avec une sainteté apparente on peut être un réprouvé.

Jean-Nicolas Grou, Manuel des âmes intérieures

Mardi 20 février 2024

Liturgie de ce jour

« Vous, donc, priez ainsi : Notre Père… »

Dans l'Antiquité chrétienne, deux choses étaient requises pour être baptisé : savoir le Credo et savoir le Notre-Père. Le carême nous invite à redécouvrir le Notre-Père, parce qu'il contient toutes les prières chrétiennes :

Si vous parcourez toutes les paroles des prières des saintes Écritures, vous ne trouverez rien qui ne soit contenu et enfermé dans l'oraison dominicale. On est libre de demander les mêmes choses en d'autres termes, mais on n'est pas libre de demander autre chose.

Saint Augustin, Lettre 130

Que demander d'autre, en effet, que ce que le plus aimant des pères est disposé à nous donner ?

Il est tellement bon, qu'il est la bonté par essence, et la Charité même, et, dans ce sens, personne n'est bon que Dieu seul. Il a paru des saints qui ont merveilleusement participé à cette bonté divine. Et cependant les meilleurs parmi les hommes n'ont eu qu'un ruisseau, une rivière, ou tout au plus un fleuve de bonté, tandis que Dieu est l'océan de la bonté, une bonté inépuisable et sans limites. Après qu'il aura versé sur nous des bienfaits presque innombrables, qu'on ne le croie ni fatigué de se répandre, ni appauvri par ses dons : il lui reste encore infiniment de bonté à dépenser. À vrai dire, plus il donne, plus il s'enrichit ; car il y gagne d'être mieux connu, aimé et servi, du moins par les nobles cœurs. Il est bon pour tous : Il fait luire son soleil sur les bons et les méchants, il fait tomber la pluie sur les justes et les pécheurs. Il ne se lasse pas d'être bon : à la multitude de nos fautes il oppose la multitude de ses miséricordes, pour nous conquérir à force de bonté.

Vital Lehodey, Le saint Abandon

Mais puisque notre Père est infiniment bon, pourquoi encore le prier ? Non pas pour qu'il nous donne davantage, mais pour que nous recevions davantage :

Le Seigneur notre Dieu n'a certes pas besoin que nous lui fassions connaître notre volonté car il ne peut l'ignorer, mais il veut par la prière exciter et enflammer nos désirs, pour nous rendre capables de recevoir ce qu'il nous prépare. Or ce qu'il nous prépare est chose fort grande, et nous sommes bien petits et bien étroits pour le recevoir.

Et pour cela,

Les paroles nous sont nécessaires pour nous exciter à recevoir ce que nous demandons et y être attentifs, non pour apprendre à Dieu nos besoins ni pour le fléchir. Ainsi, lorsque nous disons : « Que votre nom soit sanctifié », nous nous avertissons nous-mêmes qu'il faut désirer que son nom, toujours saint, le soit toujours aux yeux des hommes, c'est-à-dire que ce nom ne soit point méprisé : ce qui est profitable non pas à Dieu mais aux hommes. Lorsque nous disons : « Que votre règne arrive », nous excitons notre désir vers ce règne qui arrivera, que nous le voulions ou non, et nous demandons qu'il vienne pour nous et que nous méritions d'y avoir part.

Saint Augustin, Lettre 130

Et c'est ainsi qu'un *Notre Père* bien dit chaque jour changerait la face du monde.

Mercredi 21 février 2024

Liturgie de ce jour

« Crée en moi un cœur pur, ô mon Dieu ! »

Se convertir : non pas tant changer nos comportements que changer notre cœur. À l'appel de Jésus dimanche dernier, c'est ce qui nous est demandé en cette première semaine de carême :

Que je t'aime Seigneur mon Dieu, de tout mon cœur, de toute mon âme et de toutes mes forces (Lc 10, 27) ; que se retire de mon âme toute passion mauvaise, pour que je n'aime en même temps que toi rien que je n'aimerais pas pour toi, unique amour véritable et véritable Seigneur. En effet, quand j'aime quelque chose pour toi, ce n'est pas cette chose que j'aime, mais toi pour qui j'aime ce que j'aime. Tu es bien le seul Seigneur, et c'est en dominant sur nous que tu nous sauves, tandis que te servir n'est rien d'autre qu'être sauvé par toi.

Être chrétien et être heureux, c'est la même chose ! Et Dieu ne nous demande pas de faire sa volonté comme un maître qui exige d'être respecté, mais comme un Père qui fera tout pour que nous soyons heureux :

Tu nous as aimés le premier (I Jn 4, 10), afin que nous t'aimions. Ce n'est pas que tu aies besoin d'être aimé par nous, mais c'est que ce pour quoi tu nous as faits, nous ne pouvions pas l'être si ce n'est en t'aimant.

Guillaume de Saint-Thierry, De la contemplation de Dieu

Et lorsque nous nous laissons séduire par cet amour,

Où emportes-tu, Seigneur, ceux que tu embrasses en cette étreinte, sinon vers ton cœur ? Heureux ceux que tu caches dans le secret de cette cachette, au cœur de ton cœur !

Idem, Oraison méditative VIII

Nous l'aurons compris : il ne nous reste qu'à nous donner à celui qui s'est donné à nous jusqu'à mourir sur la croix.

Vous me direz : comment faut-il faire pour se donner à Dieu ? Cela ne dépend-il pas plus de sa grâce que de nous ? Ce don de soi-même n'est-il pas l'acte d'amour le plus excellent ? Est-il en mon pouvoir de produire un tel acte ? Je réponds que cela est en votre pouvoir si vous le voulez sincèrement, parce que tout est prêt de la part de Dieu, qui ne désire rien tant que la possession de votre cœur. Faites donc avec confiance de votre côté ce qui dépend de vous.

Jean-Nicolas Grou, Manuel des âmes intérieures

Ce qui dépend de nous ? Le premier pas de toute conversion, c'est la bonne volonté :

Dès qu'il voit la moindre étincelle de bonne volonté en nous, ou dès qu'il la fait jaillir lui-même de notre cœur comme on frappe un dur silex, Dieu en prend soin, la renforce et l'attise de son souffle. « En effet, *dit-il,* ce n'est pas la volonté de votre Père qui est aux cieux, qu'un seul de ces petits périsse. » *Ceux, donc, qui périssent, périssent contre sa volonté. La grâce du Christ est donc chaque jour à notre disposition, invitant tous les hommes sans exception, leur déclarant : « Venez à moi, vous tous qui peinez sous le fardeau, et moi je vous soulagerai. »*

Saint Jean Cassien, Conférence 13

Il nous reste à croire en cet amour, et à permettre à notre cœur de se laisser séduire par le sien.

Jeudi 22 février 2024, Chaire de Saint Pierre

Liturgie de ce jour

**« Tu es Pierre,
et sur cette pierre, je bâtirai mon Église. »**

En célébrant la « Chaire de Saint Pierre » comme une fête liturgiquement importante, l'Église souligne la mission propre du pape : garantir la foi de ses frères. C'est pourquoi elle nous fait lire aujourd'hui le dialogue entre Jésus et saint Pierre qui vient de s'exclamer : « Tu es le Christ, le Fils du Dieu vivant ! » Dialogue fondateur de l'Église, parce que fondateur de notre foi. En effet, lui répond Jésus, « ce n'est pas la chair et le sang qui t'ont révélé cela, mais mon Père qui est aux cieux ! » Que l'on soit le pape ou le plus simple des fidèles,

À l'origine du fait d'être chrétien, il n'y a pas une décision éthique ou une grande idée, mais la rencontre avec un événement, avec une Personne, qui donne à la vie un nouvel horizon et, par là, son orientation décisive.

Benoît XVI, Encyclique Deus Caritas est

Rencontrer Jésus ! Mais comment ? « Je suis avec vous tous les jours jusqu'à la fin des temps », nous a-t-il promis (Mt 28, 20). Dans la prière d'abord, nous savons qu'il est là, vivant au plus profond de nous-même :

Ouvrez et cultivez un dialogue personnel avec Jésus Christ, dans la foi. Connaissez-le par la lecture des Évangiles et du Catéchisme de l'Église Catholique. Entrez dans un dialogue avec Lui par la prière, donnez-lui votre confiance : il ne la trahira jamais !

C'est la rencontre avec le Fils de Dieu qui donne à notre vie un dynamisme nouveau. Quand nous entrons dans une relation personnelle avec Lui, le Christ nous révèle notre propre identité, et, dans cette amitié, la vie grandit et se réalise en plénitude.

Benoît XVI, 6 août 2010

Dans les sacrements, ensuite. Du baptême à l'onction des malades, Jésus lui-même nous a assurés de sa présence agissante tout au long de notre vie :

Nous pouvons avoir un contact sensible avec Jésus, mettre, pour ainsi dire, la main sur les signes de sa Passion, les signes de son amour : dans les sacrements, Il se fait particulièrement proche de nous, Il se donne à nous. Apprenez à « voir », à « rencontrer » Jésus dans l'Eucharistie, là où Il est présent et proche jusqu'à se faire nourriture pour notre chemin ; dans le Sacrement de la Pénitence, dans lequel le Seigneur manifeste sa miséricorde en offrant son pardon.

Idem

Et il vient encore à notre rencontre dans tous ceux qui s'offrent à notre amour fraternel :

Jésus s'identifie à ceux qui sont dans le besoin : les affamés, les assoiffés, les étrangers, ceux qui sont nus, les malades, les personnes qui sont en prison. « Chaque fois que vous l'avez fait à l'un de ces petits, qui sont mes frères, c'est à moi que vous l'avez fait » (Mt 25, 40). L'amour de Dieu et l'amour du prochain se fondent l'un dans l'autre : dans le plus petit, nous rencontrons Jésus lui-même et en Jésus nous rencontrons Dieu.

Benoît XVI, Encyclique Deus Caritas est

Vendredi 23 février 2024

Abstinence de viande

Liturgie de ce jour

« Va d'abord te réconcilier avec ton frère ! »

« Tu aimeras le Seigneur ton Dieu de tout ton cœur, de toute ton âme et de tout ton esprit, et tu aimeras ton prochain comme toi-même. » (Mt 22, 37s) Ces deux commandements n'en font qu'un, et si le carême est temps de réconciliation avec Dieu, il est indissociablement temps de réconciliation avec nos frères :

Le Seigneur veut que ses enfants soient unis par les liens de la paix et de la concorde ; il veut qu'ils persévèrent dans cette charité qu'ils tiennent de leur seconde naissance. Nous donc, qui sommes les fils de Dieu, persévérons dans la paix qu'il nous a laissée, et puisque nous n'avons qu'un seul Esprit, n'ayons qu'une seule pensée et un seul sentiment. Le Seigneur n'accepte pas le sacrifice de celui qui conserve dans son cœur des sentiments de haine ; il l'éloigne de l'autel ; il lui ordonne d'aller se réconcilier avec son frère et de revenir ensuite lui adresser des prières inspirées par l'esprit de charité.

Saint Cyprien de Carthage, Sur l'oraison dominicale

Si nous trouvons souvent la réconciliation avec nos frères bien difficile, c'est peut-être faute d'avoir compris qu'elle est surnaturelle et que « nous tenons la paix et la concorde de notre seconde naissance ». Si bien que

Tant que l'amour de Dieu n'aura pas l'empire de votre cœur et que vous ne voudrez pas l'apaiser pour pardonner à votre ennemi, soyez assuré que vos vertus ne

seront pas vertus ; ou si elles le sont, ce seront des vertus païennes et barbares, ce seront des vertus mortes et sans l'âme de la charité. Tout cela ne vous servira qu'à une plus grande confusion, et peut-être à une plus grande condamnation si vous n'y prenez garde.

Étienne Binet, Pratique solide de l'amour de Dieu

« Que l'amour de Dieu ait l'empire de notre cœur » : voilà l'effet du baptême et le secret de la réconciliation fraternelle. Et s'il nous semble parfois impossible de nous tourner vers ceux qui nous ont fait du mal, nous sommes tous capables de nous tourner vers Dieu :

Parfois tu cherches à donner quelque chose à un indigent et tu n'as pas de quoi ; mais tu as tout ce qu'il faut pour pardonner au pécheur, et autant que tu le veux. De l'or, de l'argent, des vêtements, du blé, du vin et de l'huile, il peut arriver que tu n'aies pas de quoi en donner aux pauvres ; mais pour ce qui est d'aimer tous les hommes, de vouloir pour les autres ce que tu veux pour toi-même et de pardonner à tes ennemis, jamais tu ne pourras t'en excuser : car si dans ta cave ou dans ton grenier tu n'as rien que tu puisses donner, tu peux sortir du trésor de ton cœur quelque chose à offrir.

Saint Césaire d'Arles, Sermon 38

Nous portons tous quelques réconciliations fraternelles en attente au fond de notre cœur : choisissons-en une, bien précise, et faisons en sorte de ne pas passer ce carême sans puiser dans le trésor d'amour qui s'y cache.

Samedi 24 février 2024

Liturgie de ce jour

« Aimez vos ennemis, et priez pour ceux qui vous persécutent ! »

L'évangile d'hier nous invitait à la réconciliation fraternelle ; celui d'aujourd'hui nous demande de faire un pas de plus… ou de faire le premier pas de toute réconciliation possible : aimer nos ennemis.

Aimer nos ennemis peut sembler au-dessus de nos forces : si nous les aimions, ils ne seraient pas nos ennemis ! C'est vrai et c'est faux tout à la fois, parce que le mot aimer est dangereusement ambigu : selon la nature, aimer quelqu'un, c'est trouver qu'il est gentil, agréable ; mais selon la grâce, aimer, c'est rechercher le bien de l'autre, qu'il soit gentil ou non, agréable ou désagréable :

Ce n'est pas ce qu'il est que tu aimes en ton ennemi, mais ce que tu veux qu'il soit. Aimez tous les hommes, même vos ennemis, non parce qu'ils sont vos frères, mais pour qu'ils soient vos frères ; en sorte que toujours vous brûliez d'amour fraternel, soit pour celui qui est déjà votre frère, soit pour votre ennemi, afin qu'à force d'amour, vous en fassiez votre frère.

Saint Augustin, Sur la 1ère lettre de saint Jean

Aimer nos ennemis est donc quelque chose de surnaturel, quelque chose que Dieu seul peut donner. Et c'est pour cela que pour aimer nos ennemis, Jésus commence par nous demander de prier pour eux, *car tous sont enfants de Dieu, et Dieu n'entend pas qu'on haïsse un seul de ses enfants ; tous sont membres d'un même corps, dont Jésus-Christ est le chef, et Jésus-Christ n'entend pas que ses membres se divisent, se haïssent, et il tient pour fait à lui-même ce qu'on fait au moindre d'entre eux. Cet amour des ennemis a même cet avantage qu'on est plus sûr de les aimer d'un amour surnaturel et méritoire, tandis que l'amour des amis est exposé à être purement naturel et sans mérite.*

André Hamon, Méditation pour le 22e lundi après la Pentecôte

Aimer nos ennemis, mais jusqu'où ?

Vous êtes le serviteur de celui qui prenait soin de ses ennemis quand ils lui lançaient des pierres, ou plutôt de celui qui s'est laissé mettre pour eux en croix. Vous êtes le disciple de celui qui, suspendu à la croix, voulait le salut de ses bourreaux, de celui qui disait, sur la croix même : « Mon Père, pardonnez-leur, parce qu'ils ne savent pas ce qu'ils font ». Il verse des larmes sur ceux qui vont le mettre à mort ; il se trouble, il est bouleversé à la vue du traître, non parce que lui-même va être crucifié, mais parce que ce traître va se perdre.

Saint Jean Chrysostome, Homélie 21 sur l'épître aux Romains

Mais tu me dis : « Mon ennemi m'a fait supporter tant de mal que je ne peux en aucune façon l'aimer. » Tu regardes ce que cet homme t'a fait et tu ne regardes pas ce que toi tu as fait à Dieu ? Examine attentivement ta conscience : tu as commis sans les réparer beaucoup plus de fautes contre Dieu qu'un homme n'en a commis contre toi. Avec quelle audace alors tu voudrais que Dieu te pardonne beaucoup, alors que tu n'acceptes pas de pardonner un peu.

Saint Césaire d'Arles, Sermon 223

Dimanche 25 février 2024, deuxième dimanche de Carême

Liturgie de ce jour

« Dieu n'a pas épargné son propre Fils, mais il l'a livré pour nous. »

Il nous est difficile de comprendre pourquoi Dieu a voulu la mort de son Fils pour nous sauver :

Dieu ne pouvait-il point fournir au monde un autre remède que celui de la mort de son Fils ? Ô certes, il le pouvait bien faire, et par mille autres moyens que celui-là ; car n'était-il pas en sa puissance de pardonner à la nature humaine d'un pouvoir absolu et par pure miséricorde ? Il le pouvait sans doute… Ou encore, s'il se voulait servir pour cela de l'entremise de quelque créature, n'en pouvait-il pas créer une d'une telle excellence et dignité que, par ce qu'elle eût fait ou souffert, elle eût suffisamment satisfait pour les péchés de tous les hommes ? Assurément, et il pouvait nous racheter par mille autres moyens que celui de la mort de son Fils ; mais il ne l'a pas voulu, car ce qui était suffisant à notre salut ne l'était pas à assouvir son amour.

Saint François de Sales, Sermon du Vendredi Saint 1622

« Ce qui était suffisant à notre salut ne l'était pas à assouvir son amour… » : Jésus n'est pas mort par nécessité, ni même par justice, ni même exactement pour nous sauver, mais par volonté de vivre jusqu'au bout ce que nous avions choisi de vivre, de telle sorte qu'il ne soit jamais séparé de nous, de nous qui nous étions séparés de lui.

Oh ! il ne faut pas penser que Notre Seigneur ait voulu mourir seulement pour nous racheter, car un seul de ses soupirs, à cause de la dignité et du mérite du soupirant, suffisait pour nous sauver et délivrer de la main de nos ennemis ; mais cet amour infini ne pouvait pas être content s'il ne mourait de l'amour même.

Le Fils de Dieu est conduit à la croix ; et qui l'y a mis ? Certes, cela a été l'amour. Or, puisqu'il est certain qu'il est mort d'amour pour nous, le moins que nous devions faire pour lui, c'est de vivre d'amour. À l'amour, rien n'est impossible : il détruira tout ce qu'il y a en nous qui ne peut être agréé de la divine Majesté.

Idem

Et cela doit éclairer la suite de notre carême : retrouver l'union d'amour à Dieu comme fondement de toute vie chrétienne et de tout bonheur possible. En effet, si la mort de Jésus nous justifie et nous sauve, c'est parce qu'il a voulu ne faire qu'un avec nous jusque dans cette mort que nous avons provoquée, et à laquelle il ne devait rien.

Ta grâce est apparue à tous les hommes et nous a instruits, Seigneur, lorsque ta bonté et ton humanité sont apparues, non pas du fait des œuvres de justice que nous aurions accomplies, mais en raison de ta miséricorde qui nous sauve. Alors s'est fait ouvertement connaître à tous l'abondance de ta bonté pour nous, ô Dieu qui n'as pas épargné ton propre Fils, mais l'as livré pour nous tous.

Guillaume de Saint-Thierry, Oraison méditative VI

Lundi 26 février 2024

Liturgie de ce jour

« Soyez miséricordieux comme votre Père est miséricordieux ! »

Saint François de Sales nous donne de quoi faire un petit examen de conscience :

Nous accusons pour peu le prochain, et nous nous excusons en beaucoup ; nous voulons vendre fort cher, et acheter à bon marché ; nous voulons que l'on fasse justice en la maison d'autrui, et chez nous, miséricorde et connivence ; nous voulons que l'on prenne en bonne part nos paroles, et nous sommes chatouilleux et douillets à celles d'autrui.

Nous voulons nos droits exactement, et que les autres soient courtois à exiger les leurs ; nous gardons notre rang pointilleusement, et voulons que les autres soient humbles et accommodants ; nous nous plaignons aisément du prochain, et ne voulons qu'aucun se plaigne de nous ; ce que nous faisons pour autrui nous semble toujours beaucoup, ce qu'il fait pour nous n'est rien, nous semble-t-il. Bref, nous sommes comme les perdrix de Paphlagonie qui ont deux cœurs, car nous avons un cœur doux, gracieux et courtois en notre endroit, et un cœur dur, sévère et rigoureux envers le prochain.

Souvenez-vous donc, ma Philothée, d'examiner souvent votre cœur s'il est tel envers le prochain comme vous voudriez que le sien fût envers vous si vous étiez à sa place, car voilà le point de la vraie raison.

Saint François de Sales, Introduction à la vie dévote

Et Fénelon nous donne de quoi prendre de bonnes résolutions !

La charité ne va pas jusqu'à demander de nous que nous ne voyions jamais les défauts d'autrui ; il faudrait nous crever les yeux ! Mais elle demande que nous évitions d'y être attentifs volontairement, sans nécessité, et que nous ne soyons pas aveugles sur le bon, pendant que nous sommes si éclairés sur le mauvais. Il faut toujours nous rappeler les sujets que nous avons de nous mépriser nous-mêmes, et enfin considérer que la charité embrasse même ce qu'il y a de plus bas, parce qu'elle voit précisément, par la vue de Dieu, que le mépris qu'on a pour les autres a quelque chose de dur et de hautain qui éteint l'esprit de Jésus-Christ.

De ce que les autres sont faibles, est-ce une bonne raison pour garder moins de mesure avec eux ? Vous qui vous plaignez qu'on vous fait souffrir, croyez-vous ne faire souffrir personne ? Vous qui êtes si choqué des défauts du prochain, vous imaginez-vous être parfait ? Que vous seriez étonné, si tous ceux à qui vous êtes pesant venaient tout à coup s'appesantir sur vous ! Mais quand vous trouveriez votre justification sur la terre, Dieu qui sait tout, et qui a tant de choses à vous reprocher, ne peut-il pas d'un seul mot vous confondre et vous arrêter ? Et ne vous vient-il jamais dans l'esprit de craindre qu'il ne vous demande pourquoi vous n'exercez pas envers votre frère un peu de la miséricorde que lui, qui est votre maître, exerce si abondamment envers vous ?

François de La Mothe-Fénelon,
Réflexions pour tous les jours du mois

Mardi 27 février 2024

Liturgie de ce jour

« Ils disent et ne font pas. »

Encore de quoi faire un petit examen de conscience !

Il est peu de chrétiens, même parmi ceux qui sont spécialement consacrés à Dieu, qui aient une juste idée de la vraie vertu. Presque tous la font consister dans une certaine routine de piété, dans la fidélité à certaines pratiques extérieures. Si avec cela ils ont par intervalles quelques mouvements de dévotion sensible, sans discerner même si ces mouvements viennent de Dieu ou de leurs propres efforts, ils se croient solidement vertueux.

Cependant ils sont sujets à mille défauts dont ils ne s'aperçoivent pas, et qu'on essayerait en vain de leur mettre sous les yeux. Ils sont petits, minutieux, scrupuleusement exacts dans leurs pratiques, remplis d'estime pour eux-mêmes, d'une extrême sensibilité, entêtés de leurs idées, concentrés dans leur amour-propre, gênés et affectés dans leurs manières ; rien de vrai, rien de simple, rien de naturel en eux. Ils se préfèrent intérieurement aux autres, et souvent ils méprisent, ils condamnent, ils persécutent, dans les saints mêmes, la véritable piété, qu'ils ne connaissent point. Rien n'est plus commun dans le christianisme que cette justice fausse et pharisaïque.

Tout le problème est qu'un mort ne s'aperçoit pas qu'il est mort ! Comment ne pas mourir spirituellement sans nous en apercevoir ? Continuons notre examen de conscience :

Pour concevoir ce que c'est que la vraie vertu, c'est dans Jésus-Christ qu'il faut la considérer : il est notre unique modèle, il nous a été donné comme tel, il s'est fait homme pour nous rendre la sainteté sensible et palpable. Toute sainteté qui n'est pas formée et moulée sur la sienne est fausse ; elle déplaît à Dieu, elle trompe les hommes, elle est tout au moins inutile pour le ciel.

Jésus-Christ ne s'est jamais cherché lui-même, jamais il n'a eu en vue ses propres intérêts, ni temporels ni spirituels : il n'a jamais fait une seule action pour plaire aux hommes, il ne s'est jamais abstenu d'aucune bonne œuvre dans la crainte de leur déplaire.

Jésus-Christ a fait consister la piété dans des sentiments sincères, efficaces, toujours suivis de l'exécution, dans une charité sans bornes envers les hommes.

Jésus-Christ a été simple, sans affectation dans ses discours et dans toutes ses actions. Il a proposé sa doctrine d'une manière aisée, familière, éloignée de toute la pompe de l'éloquence humaine, à portée de tous les esprits.

Jésus-Christ a souffert de la part de ses ennemis tous les genres de persécutions. Il ne leur a opposé que son innocence et la vérité ; il a laissé agir leurs passions, il s'est tu quand il les a vus obstinés dans leur malice ; il n'a pas cherché à se justifier, ce qui lui était si aisé ; il s'est laissé condamner ; il leur a pardonné, il a prié, il a versé son sang pour eux.

Jean-Nicolas Grou, Manuel des âmes intérieures

Mercredi 28 février 2024

Liturgie de ce jour

« Celui qui veut devenir grand parmi vous sera votre serviteur. »

Si Jésus est le Dieu tout-puissant, sa toute-puissance est pour servir et non pour être servi. En se donnant en nous jusqu'à la mort, Jésus nous rend capables de cet amour sans limite que nous célébrerons durant la Semaine sainte : « Lui qui était de condition divine, ne retint pas jalousement le rang qui l'égalait à Dieu, mais il s'est anéanti, prenant la condition de serviteur, devenant semblable aux hommes, devenant obéissant jusqu'à la mort, et la mort de la croix » (Ph 2, 6-8).

Il y en a beaucoup qui disent : « J'aime grandement mon prochain, et je voudrais bien lui rendre quelque service. » Cela est bien bon ! dit saint Bernard, mais ce n'est pas assez, il faut passer plus outre. « Oh ! si je l'aime ! Je l'aime tant, que je voudrais de bon cœur employer tous mes biens pour lui. » Cela est davantage, et déjà meilleur, mais ce n'est pas encore assez. « Je l'aime tellement, je vous assure, que j'emploierais volontiers ma personne même pour lui, et en tout ce qu'il désirerait de moi. » Voici, certes, un très bon signe de votre amour, mais encore faut-il passer plus avant, car il y a un plus haut degré en cet amour, ainsi que nous l'apprend saint Paul, lequel disait : « Soyez mes imitateurs, comme je le suis de Jésus-Christ. » Et en l'une de ses épîtres, parlant à ses enfants très chers, il écrit : « Je suis prêt à donner ma vie pour vous, et à m'employer si absolument, que je ne veux faire aucune réserve, afin de vous témoigner combien je vous aime chèrement et tendrement ; oui, même, je suis prêt à laisser faire par vous ou pour vous tout ce que l'on voudra de moi. » En quoi il nous enseigne que s'employer, voire jusqu'à donner sa vie pour le prochain, n'est pas tant que de se laisser employer au gré des autres, ou pour eux, ou par eux.

Saint François de Sales, sermon du 27 février 1622

Aimer est beaucoup plus que rendre service :

L'action concrète demeure insuffisante si, en elle, l'amour pour l'homme n'est pas perceptible, un amour qui se nourrit de la rencontre avec le Christ. La participation profonde et personnelle aux besoins et aux souffrances d'autrui devient ainsi une façon de m'associer à lui : pour que le don n'humilie pas l'autre, je dois lui donner non seulement quelque chose de moi, mais moi-même, je dois être présent dans le don en tant que personne.

Cette juste manière de servir rend humble celui qui agit. Il n'assume pas une position de supériorité face à l'autre, même si la situation de ce dernier peut à ce moment-là être misérable. Le Christ a pris la dernière place dans le monde – la croix – et, précisément par cette humilité radicale, il nous a rachetés et il nous aide constamment. Celui qui peut aider, reconnaît que c'est justement de cette manière qu'il est aidé lui-aussi. Le fait de pouvoir aider n'est ni son mérite ni un titre d'orgueil. Cette tâche est une grâce.

Benoît XVI, Encyclique Deus caritas est

Jeudi 29 février 2024

Liturgie de ce jour

« Béni soit l'homme qui met sa foi dans le Seigneur ! »

Sur quoi et sur qui construisons-nous notre vie ? Quels sont les grands choix qui vont guider nos décisions, et qui nous jugeront au soir de notre vie terrestre ?

Aimes-tu la terre ? Tu seras terre. Aimes-tu Dieu ? Tu seras Dieu ! Si donc, vous voulez être des dieux et des enfants du Très-Haut, n'aimez ni le monde, ni ce qui est dans le monde, car le monde passe avec les désirs mauvais, tandis que celui qui fait la volonté de Dieu demeure éternellement, comme éternellement Dieu lui-même demeure.

Saint Augustin, Sur la 1ere lettre de saint Jean

Peut-être ne sommes-nous pas capables d'un choix aussi radical ?

Quand on vous dit : n'aimez point le monde, on ne vous dit pas : ne mangez pas, ne buvez pas, n'engendrez pas d'enfants. Non, on ne vous dit pas cela, mais : mettez de la mesure dans ce à quoi vous êtes attachés, de telle sorte que l'attrait des créatures ne fasse point de vous des esclaves, car vous ne les avez reçues que pour vous en servir.

Idem

L'erreur est que

Nous ne considérons guère la sainteté que parce qu'elle a d'extérieur, de frappant, d'extraordinaire. Nous avons peine à croire qu'un homme soit saint, à moins qu'il n'étonne notre imagination par sa vie solitaire, ses jeûnes, ses veilles, ses austérités.

On peut mener une vie singulière par l'austérité, et ne pas être un saint ; et sans mener une pareille vie, on peut être un grand saint ; ce qu'il a de solide et d'éminent dans la sainteté est renfermé au-dedans : Dieu seul le voit et en juge ; les hommes n'en aperçoivent rien. C'est ainsi que ses contemporains se sont mépris au sujet de Jésus-Christ, et que ne voyant rien dans sa vie qui le distinguât du commun des hommes, ils ne purent se résoudre à croire qu'il fût le Messie, le Fils de Dieu.

Plutôt que de rêver à une sainteté imaginaire,

En matière de sainteté, chacun doit suivre son attrait, et le genre de vie où Dieu l'appelle. Il faut bien se garder de condamner, dans quelques saints, les pénitences et les austérités prodigieuses que la grâce leur a fait pratiquer. Mais, premièrement, il ne faut pas trop admirer ces pieux excès, ni s'en laisser trop frapper l'imagination, ni se proposer de les imiter, ni croire qu'on ne sera saint qu'autant qu'on les imitera.

Soit qu'on pratique ou non de grandes mortifications corporelles, c'est aux vertus intérieures qu'on doit principalement s'attacher ; parce qu'elles sont principalement l'essentiel de la sainteté, et que le reste n'en est qu'un accessoire. Autant que la chose dépend de nous, nous devons préférer la vie commune à toute autre, afin d'imiter de plus près Jésus-Christ, de nous conserver dans l'humilité, de rendre la vertu aimable au prochain, au lieu de le rebuter en la lui présentant sous une forme et des dehors presque impraticables.

Jean-Nicolas Grou, L'intérieur de Jésus et de Marie

Vendredi 1er mars 2024

Abstinence de viande

Liturgie de ce jour

« Le royaume de Dieu vous sera enlevé pour être donné à une nation qui lui fera produire ses fruits. »

On s'étonne de la désertion de nos églises et de la disparition de la foi dans nos vieux pays chrétiens. La faute en revient-elle aux païens qui l'ignorent, ou aux chrétiens qui ne font que semblant de l'être ? Nous avons pourtant été prévenus : « Ni les fornicateurs, ni les idolâtres, ni les adultères, ni les impudiques, ni les hommes aux mœurs infâmes, ni les voleurs, ni les profiteurs, ni les ivrognes, ni les calomniateurs, ni les brigands n'obtiendront le royaume de Dieu. » (I Co 6, 9s) Peut-être pensons-nous n'être rien de tout cela… Est-ce bien sûr ?

Commençons par les voleurs et les profiteurs en regardant d'un peu près notre dernier relevé bancaire :

Tu n'es pas un profiteur, toi qui, des biens dont tu as reçu la gestion, fais ton bien propre ? Celui qui ne couvre pas la nudité du malheureux alors qu'il peut le faire, est-il digne d'un autre nom ? À l'affamé appartient ce pain que tu mets en réserve ; à l'homme nu, le manteau que tu gardes dans tes coffres ; au va-nu-pieds, la chaussure qui pourrit chez toi ; au besogneux, l'argent que tu conserves enfoui. Ainsi tu commets autant d'injustices qu'il y a de gens à qui tu pourrais donner.

Saint Basile de Césarée, Homélie VI sur saint Luc

Continuons par les fornicateurs et les adultères en nous demandant si nous sommes au clair avec l'Évangile dans l'exercice de la vie conjugale :

Il n'est jamais permis de tirer aucun impudique plaisir de nos corps, en quelque façon que ce soit, sinon en un légitime mariage. Et encore au mariage faut-il observer l'honnêteté de l'intention, afin qu'il n'y ait rien que d'honnête en la volonté qui l'exerce. Gardez-vous d'admettre aucune sorte de volupté comme sont toutes celles qui se prennent hors du mariage, ou même dans le mariage quand elles se prennent contre la règle du mariage.

Saint François de Sales, Introduction à la vie dévote

Et finissons pour aujourd'hui par les calomniateurs, en nous interrogeant sur la part de bavardage dans nos conversations :

Ceux qui pour médire font des préfaces d'honneur ou qui disent de petites gentillesses et moqueries entre deux, sont les plus fins et vénéneux médisants de tous. « Je proteste, disent-ils, que je l'aime et que, au reste, c'est un galant homme ; mais cependant il faut dire la vérité, il eut tort de faire une telle perfidie » Ou bien : « C'est une fort vertueuse fille, mais elle fut surprise », et semblables petits agencements. Ne voyez-vous pas l'artifice ? Celui qui veut tirer à l'arc tire tant qu'il peut la flèche à soi, mais ce n'est que pour la darder plus puissamment : il semble que ceux-ci retirent leur médisance à eux, mais ce n'est que pour la décocher plus fermement, afin qu'elle pénètre plus avant dans les cœurs des écoutants.

Idem

Samedi 2 mars 2024

Liturgie de ce jour

« Père, j'ai péché contre le ciel et envers toi. »

Hier, nous aurons sans doute pris un peu mieux conscience d'être pécheur. Aujourd'hui, l'évangile du fils prodigue nous montre que cette prise de conscience, parce qu'elle nous ouvre à la miséricorde de Dieu, loin de nous désespérer, nous donne l'assurance d'être pardonné :

Ce prodigue, si gravement coupable, n'avait pas encore confessé sa faute, mais il ne faisait qu'y réfléchir. Il n'avait pas encore payé sa faute, mais déjà il y pensait, et ce seul propos d'humilité qu'il était en train de former, lui valut un pardon immédiat, ce pardon que l'on attend d'habitude si longtemps et à travers bien des supplications, qu'on implore avec des larmes et qu'on sollicite à force d'instances : eh bien, la confession aura suffi pour le larron crucifié, et pour le fils prodigue la seule volonté de confesser sa faute.

Reconnaître que l'on a péché est déjà un effet de la grâce de Dieu. Elle a ouvert notre cœur, et le pas suivant sera de maintenant reconnaître l'amour de notre Père :

La miséricorde de Dieu vient partout à notre rencontre ; elle a inspiré la volonté de la confession, et elle a dispensé de confession celui qui était prêt à la faire : « Tandis qu'il était encore loin, le père le vit et fut touché de miséricorde ; il courut vers lui, se jeta à son cou et l'embrassa. » Ces paroles semblent montrer que le père était plus pressé de donner son pardon à son fils, que celui-ci ne l'était de le recevoir : se hâtant de libérer le coupable du tourment de sa conscience, il semble que la compassion de sa miséricorde lui fût plus douloureuse que la passion du remords ne l'était au misérable.

Guerric d'Igny, Sermon II pour le Carême

Le péché est désormais derrière nous, et il s'agit désormais d'aller jusqu'au bout de la confiance retrouvée en la bonté de notre Père :

La justice de Dieu est bien terrible, dit-on, et l'on doit toujours la craindre. Cela est vrai ; mais pour qui est-elle terrible ? Est-ce pour les enfants qui adorent Dieu, qui l'aiment, qui le servent comme leur Père, qui sont déterminés à ne lui rien refuser, à ne lui déplaire en rien ? Non. Si ces enfants aiment Dieu, Dieu les aime encore plus ; il voit que leurs fautes ne sont point des fautes de malice, mais d'imperfection et de fragilité : au premier regard d'amour et de regret qu'ils jettent sur lui, il les leur pardonne.

La justice divine n'est terrible que pour ceux qui n'ont pas recours à sa miséricorde, soit par présomption, soit par désespoir ; pour ceux qui aiment le péché, qui n'en veulent pas sortir ; pour ceux dont la volonté n'est pas droite, et qui voudraient, s'il se peut, tromper Dieu.

Mais jusqu'où doit aller la confiance en Dieu ? Aussi loin que sa puissance et sa bonté, aussi loin que notre faiblesse et notre misère ; c'est-à-dire qu'elle ne doit point avoir de bornes.

Jean-Nicolas Grou, Manuel des âmes intérieures

Dimanche 3 mars 2024, troisième dimanche de Carême

Liturgie de ce jour

« Tu n'auras pas d'autres dieux en face de moi ; tu ne feras aucune idole. »

Quels dieux adorons-nous ? Notre chère santé ? Notre carrière ? Notre compte en banque ? La question se pose dès que nous disons ou pensons : la santé d'abord, ma carrière d'abord, mon compte en banque d'abord. Ce « d'abord » est absurde, car il nous met à la place de Dieu. Or,

Rien n'arrive en ce monde que par l'ordre ou la permission de Dieu. Rien n'existe que par lui. Et tout ce qu'il a créé, il le conserve et le gouverne avec amour pour le conduire à sa fin. Pendant qu'il régit les astres et préside aux révolutions de la terre, il concourt aux travaux de la fourmi, au moindre mouvement des insectes qui pullulent dans l'air, de ces millions d'atomes qui vivent dans une goutte d'eau. Sans lui, pas une feuille ne s'agite, pas un brin d'herbe ne meurt, pas un grain de sable n'est emporté par le vent. Il veille avec sollicitude sur les oiseaux du ciel, sur le lis des champs ; et comme nous valons mieux qu'une foule de passereaux, il ne saurait oublier ses enfants de la terre.

La sagesse n'est donc pas de nous poser en concurrent de Dieu pour contourner sa providence, mais de vivre en enfant de Dieu, avec toute la confiance que mérite son infinie bonté :

« J'ai faim, Dieu, y pense ; j'ai soif, Dieu y pense ; j'entreprends un travail, Dieu y pense ; je dois choisir

un état de vie, Dieu y pense ; dans cet état, certaines difficultés se rencontrent, Dieu y pense ; pour résister à telle tentation ou remplir tel devoir, j'ai besoin de telle grâce, Dieu y pense ; dans le cours de mon voyage vers l'éternité, il me faut le pain quotidien de l'âme et du corps, Dieu y pense... » Et ainsi, moi qui ne suis qu'un atome insignifiant dans le monde, j'occupe jour et nuit, sans cesse et partout, la pensée et le cœur de mon Père qui est aux cieux.

Jésus nous donne l'exemple de cette confiance :

La vie entière de Jésus n'a été qu'obéissance et abandon. Cette obéissance et cet abandon de Jésus ont leur source dans son amour pour son Père ; c'est une plénitude d'abandon, parce que c'est une plénitude d'amour : amour filial, confiant, désintéressé, généreux, sans réserve ; amour débordant de reconnaissance pour tous les biens qu'il a reçus dans sa sainte Humanité ; amour plein de zèle, de dévouement et d'humilité.

Mais Jésus fait beaucoup plus que nous donner un exemple : là où la justice de Dieu devrait nous abandonner à notre manque de confiance – car c'est cela le péché –, Jésus en porte toutes les conséquences, pour que la bonté de notre Père ne soit pas au détriment de sa justice :

Victime chargée des péchés du monde entier, il estime que tous les châtiments lui sont dus, qu'aucune souffrance n'est de trop pour réparer la gloire de son Père et lui ramener ses enfants égarés, et pourtant si tendrement chéris.

Dom Vital Lehodey, Le Saint Abandon

Lundi 4 mars 2024

Liturgie de ce jour

« Aucun prophète ne trouve un accueil favorable dans son pays. »

Jésus est rejeté par ceux-là même qu'il était venu sauver. Il y a là une loi éternelle de l'Histoire sainte, tout simplement parce que la première conséquence du péché dont nous devons être sauvés, est cette incompréhension : Adam prend la fuite devant Dieu, au moment même où celui-ci ne parle que de le soigner. Puisque « la vie chrétienne est une continuation et accomplissement de la vie de Jésus en nous » (saint Jean Eudes), comment vivre en chrétien dans un monde qui ne veut, et sans doute qui ne peut, le comprendre ? Tout d'abord, ne nous trompons pas de tristesse : le malheur n'est pas d'être chrétien, mais de ne pas l'être !

Ne vous attristez pas en apprenant que Jésus a été trahi ; car ce qui doit vous rendre tristes et vous faire pleurer amèrement, c'est le traître Judas mais non Jésus, sa victime. En effet, celui qui a été trahi a sauvé le monde, le traître a perdu son âme ; celui qui a été trahi est assis à la droite du Père dans les cieux, le traître est maintenant dans l'enfer, en proie à des tourments sans fin. Oh ! c'est lui qu'il faut pleurer et plaindre, c'est sur lui qu'il faut verser des larmes, comme Notre Seigneur lui-même en a versé.

Oh ! qu'elle est grande la compassion de ce bon Maître ! celui qui est livré pleure sur le traître. Pourquoi fut-il triste ? C'était tout à la fois pour nous montrer son amour et nous apprendre à pleurer toujours, non sur celui qui souffre le mal, mais sur celui qui le fait, car c'est là le plus grand malheur. Il n'y a même pas de malheur à souffrir le mal qu'on nous fait ; mais faire souffrir, voilà le grand, l'unique malheur. Et ce n'est pas sans motif que je me suis exprimé de la sorte, car je veux que nous ne nous irritions pas contre nos ennemis, mais qu'au contraire nous ayons pitié d'eux, pleurant et gémissant sur leur sort, puisque ce sont eux qui endurent le véritable mal par les châtiments qu'ils se préparent.

Saint Jean Chrysostome, Homélie sur la trahison de Judas

Dès lors, le combat des chrétiens dans le monde n'est pas pour être victorieux sur les non-chrétiens, mais pour que la Vérité et l'Amour soient annoncés à ceux qui vivent dans l'égarement. Il ne nous appartient pas de les juger, mais de leur donner de quoi entrer à leur tour, s'ils l'acceptent, dans le Royaume de Dieu :

Errant sans trouver le repos, affamé sans pouvoir se rassasier, l'homme s'égare, tant qu'il ne saisit point parfaitement avec les bras de la charité celui qu'il est impossible de ne pas désirer, tant son prix est inestimable. La surabondance des richesses et des plaisirs, le comble des honneurs, ne peuvent assouvir sa faim, s'il n'atteint Dieu par le contact de l'amour. Mais une fois que, dans la partie la plus noble de lui-même, c'est-à-dire dans l'esprit, il a trouvé le Seigneur, il dit volontiers adieu à toutes les créatures, et chante avec le Psalmiste : « Mon bien à moi, c'est d'adhérer à Dieu. »

Louis de Blois, Institution spirituelle

Mardi 5 mars 2024

Liturgie de ce jour

« Pardonner jusqu'à soixante-dix fois sept fois ! »

« Je veux bien lui pardonner, mais à condition que… » Le pardon conditionnel n'est pas le pardon que Jésus a vécu en mourant sur la croix ; il n'est qu'un armistice en attendant de pouvoir reprendre la guerre. Le vrai pardon est un don, et c'est pourquoi

Il n'est presque rien de plus rare que le pardon. Qui d'entre nous s'acquitte comme il le faut de ce devoir ? On se garde bien de dire qu'on veut se venger ; mais souvent, on ne laisse pas de le faire tout en protestant qu'on ne veut point de mal à son ennemi. Mais, comme si tout était permis après cette précaution, on dit de lui tout ce qu'on sait, et souvent même ce qu'on ne sait pas ; on exagère l'injustice et la violence de son procédé ; on prend plaisir à faire remarquer ses défauts ; on réveille le souvenir de ses actions passées. Certainement, la charité ne peut manquer d'en être blessée ; c'est toujours une espèce de vengeance.

Ceux qui sont les plus éloignés de se venger eux-mêmes sont quelquefois bien aises d'êtres vengés : on a de la complaisance à voir que celui qui nous voulait nuire est tombé lui-même dans le piège qu'il nous tendait ; on apprend avec plaisir que son procédé est condamné des honnêtes gens ; on se réjouit des disgrâces qui lui arrivent. Je ne dis pas seulement que ce n'est pas là aimer comme Jésus-Christ nous l'ordonne ; il est tout visible que c'est haïr et vouloir du mal ; je dis même que c'est exercer une véritable vengeance.

Ne nous étonnons pas d'avoir du mal à pardonner : le pardon est surnaturel, car

La vengeance qui, de tous les plaisirs, est sans doute le plus exquis, et celui dont la jouissance flatte le plus agréablement la nature. Il n'est rien de si doux que de voir ceux qui nous haïssent humiliés et contraints de se repentir des outrages qu'ils nous ont faits. C'est pour cela que ceux qui se vengent de leurs ennemis ne se contentent pas de leur faire beaucoup de mal, mais ils veulent encore qu'ils sachent d'où leur vient ce mal et par quoi ils se le sont attiré, afin de jouir du regret que leur doit causer cette connaissance. De sorte qu'un homme qui ne se venge pas, quand il le peut, se prive du plus grand plaisir de la vie.

Tout le monde convient que la haine que nous portons à nos ennemis est un effet naturel de l'amour-propre ; que nous ne pouvons pas ne point haïr ce qui est contraire à ce que nous aimons beaucoup ; et ainsi, pour aimer ceux qui nous veulent du mal, il faut que nous cessions de nous aimer, il faut que nous changions en une haine véritable cet amour si tendre et si excessif que nous avons pour nous-mêmes. Il est tout visible que c'est être ennemi de sa réputation que d'aimer ceux qui la noircissent ; qu'il faut avoir de l'aversion pour sa propre chair, pour vouloir du bien à ceux qui nous privent des commodités de la vie ; en un mot, qu'il faut haïr la vie même, pour ne vouloir point de mal à ceux qui voudraient nous la ravir.

Saint Claude La Colombière, Réflexions chrétiennes

Mercredi 6 mars 2024

Liturgie de ce jour

« Vous garderez mes préceptes, vous les mettrez en pratique. »

Obéir à un commandement n'est plus guère à la mode !

De toutes les vertus, celle dont la pratique coûte le plus à l'homme est l'obéissance. Sacrifier sa volonté, sacrifier son propre jugement, dépendre d'autrui non seulement dans sa manière d'agir, mais encore dans sa manière de penser et de juger, et cela non dans des choses indifférentes ou de peu de conséquence, mais en ce qui regarde le salut et la sainteté, c'est pour l'homme quelque chose de plus difficile que les privations, les jeûnes, les austérités.

Jean-Nicolas Grou, Manuel des âmes intérieures

Mais obéir ne fait peur que si l'on oublie que

Les commandements de Jésus ne sont pas des exigences de justice, mais d'amour : ils traduisent les lois de l'amitié. Ce sont aussi des lois, mais elles ne se présentent pas avec un caractère rude et terrifiant. Cela ne veut pas dire qu'elles ne sont pas redoutables, au contraire elles le sont plus encore qu'une loi de crainte, mais d'une autre manière.

Ceux qui aiment le savent bien :

La sanction d'un péché contre l'amour, c'est qu'on froisse l'être aimé... et c'est pire que tout. Mais c'est extrêmement subtil. L'ami froissé ne dit rien, il ne nous envoie pas de gendarmes, aussi on peut très bien ne pas s'apercevoir qu'on l'a froissé. C'est seulement quand on commence à réparer la blessure et qu'on a découvert le point sensible, c'est alors seulement qu'il dévoile sa peine : sinon, il continuera à ne rien dire.

Marie-Dominique Molinié, retraite prêchée en 1969

Voilà pourquoi ceux qui aiment ne voudraient pour rien au monde désobéir aux lois de l'amour. Et parce qu'elles nous tracent le chemin de l'amour véritable,

Les commandements de Dieu et de la sainte Église ne sont pas si rigoureux comme l'on pense ; ils ne gênent pas tant les esprits comme l'on croit : la loi de Dieu est une loi toute d'amour et toute douce.

Saint François de Sales, Introduction à la vie dévote

Et c'est pourquoi il est absurde d'opposer la loi et la liberté : un automobiliste a besoin du code de la route pour voyager librement et sans danger, et nous avons besoin des commandements de Dieu pour vivre librement de la vie éternelle.

Si nous considérons que Dieu ordonne et dispose tout ce qui se passe au monde, qu'il dispose toutes choses pour sa gloire et pour notre plus grand bien, et que sa disposition est très juste et très aimable, nous n'attribuerons pas les choses qui arrivent, ni à la fortune ou hasard, ni à la malice du diable ou des hommes, mais à l'ordonnance de Dieu, que nous aimerons et embrasserons tendrement, sachant très assurément qu'elle est très sainte et très aimable, qu'elle n'ordonne et ne permet rien que pour notre plus grand bien et pour la plus grande gloire de notre bon Dieu, laquelle nous devons aimer par-dessus toutes choses, puisque nous ne sommes au monde que pour aimer et procurer la gloire de Dieu.

Saint Jean Eudes, La vie et le Royaume de Jésus

Jeudi 7 mars 2024

Liturgie de ce jour

« Celui qui ne rassemble pas avec moi disperse. »

La vie chrétienne n'est pas une option parmi d'autres possibles : « Aucun autre nom sous le ciel que celui de Jésus ne peut être donné aux hommes pour être sauvés » (Ac 4, 12), annonce saint Pierre au tout début de la prédication de l'Évangile. Et saint Paul précise : « Bien qu'il y ait en effet, au ciel et sur la terre, ce qu'on appelle des dieux, pour nous, au contraire, il n'y a qu'un seul Dieu, le Père, de qui tout vient et vers qui nous allons, et un seul Seigneur, Jésus Christ, par qui tout vient et par qui nous vivons. » (I Co 8, 5-6)

Tant qu'il n'a ni carte, ni boussole, le voyageur tourne en rond, mais parce qu'il reconnaît dans l'Évangile le chemin qu'il cherchait, le chrétien sait qu'une vie sans Jésus-Christ ne mène nulle part :

L'homme qui ne croit pas encore au Christ, n'est pas encore en route : il tourne en rond, en effet, cherchant sa patrie, mais sans savoir ni le chemin ni le point d'arrivée. Que veut dire qu'il cherche sa patrie ? Tout être vivant cherche le repos et cherche le bonheur ; personne n'hésitera à répondre que c'est ce qu'il veut, si on lui demande s'il veut être heureux ! Mais comment on parvient au bonheur et où on le trouve, les hommes ne le savent pas, et c'est pour cela qu'ils tournent en rond.

Le Seigneur ramène sur le chemin : devenus ses fidèles, croyant au Christ, on n'est pas encore dans la patrie, mais enfin on commence à marcher sur le chemin.

Car personne n'arrive sans être sur le chemin, même si tous ceux qui sont sur le chemin n'arrivent pas.

Saint Augustin, Sermon 346 B

Baptisés, nous sommes sur le chemin ; mais « tous ceux qui sont sur le chemin n'arrivent pas », faute d'avoir pris au sérieux leur baptême. En effet,

Le don de la grâce que nous recevons au baptême n'est pas un pur privilège extérieur, un pur pardon extérieur dans lequel le cœur ne serait pas concerné, quelque chose qui serait une simple marque imprimée sur l'âme. La nouvelle naissance du Saint-Esprit met l'âme en mouvement d'une manière céleste, elle nous donne une vie spirituelle, nous ouvrant les yeux de l'esprit, de sorte que nous commençons à voir Dieu en toutes choses par la foi, et que nous nous tenons en relation continuelle avec Lui par la prière.

John Henry Newman, Parochial sermons, VII

« Mis en mouvement d'une manière céleste », où en sommes-nous de notre baptême ?

La majorité d'entre nous a reçu le baptême enfant : ce furent nos parents qui ont anticipé notre foi. Avec le don fragile de la vie biologique, ils nous ont donné la garantie de la véritable vie dans le baptême. C'est à nous qu'il revient à présent de nous approprier ce don, d'entrer toujours plus profondément dans la vérité de notre baptême. La nuit pascale nous invite chaque année à nous plonger à nouveau dans les eaux du baptême, de passer de la mort à la vie, à devenir de véritables chrétiens : réveillons-nous de notre christianisme fatigué, privé d'élan ; levons-nous et vivons le Christ, la vraie lumière, la vraie vie !

Benoît XVI, Pâques 2005

Vendredi 8 mars 2024

Abstinence de viande

Liturgie de ce jour

« Tu aimeras le Seigneur ton Dieu de tout ton cœur, de toute ton âme, de tout ton esprit et de toute ta force. »

De tout notre cœur, de toute notre âme, de toute notre force ! Où en sommes-nous ?

Il est étrange qu'il faille exciter l'homme à aimer Dieu, qui est son principe et sa fin, et l'unique source de son bonheur, et que Dieu se soit cru obligé de lui en faire un précepte ! « Vous m'ordonnez de vous aimer, ô mon Dieu ! disait saint Augustin, comme si ce n'était pas pour moi le plus grand des malheurs de ne pas vous aimer ! »

Oui, c'est le plus grand des malheurs que de ne pas aimer Dieu :

Si vous saviez quelle est la paix, la joie, la consolation et l'assurance intérieure d'une âme qui est à Dieu, qui ne veut plus que Dieu, et qui sait un peu par expérience ce que c'est des divines amabilités de Dieu, au lieu des chagrins, inquiétudes, appréhensions, gênes d'esprit où en sont malheureusement, et seront éternellement toutes les âmes qui vivent esclaves de leurs passions et qui laissent ingratement ce qu'il y a d'éternel pour ce qui est si passager !

Alexandre Piny, Lettre 101

Et au fond, nous nous accommodons assez bien de cet esclavage. Mais Dieu n'est pas digne de n'être aimé qu'à moitié :

Nous sommes sur la terre afin que Dieu nous soit tout. Afin que Dieu nous soit tel, il faut qu'il ait domination pleine et souveraine sur tout notre être ; mais il faut que ce soit une domination d'amour, et que nous nous soumettions à sa souveraineté par le cœur.

Courage, cher enfant de Dieu, mourez afin de pouvoir vivre ; sortez de vous-même pour entrer en Dieu. Imaginez que vous entendiez ces paroles de ce grand Maître : « Cesse d'être ce que tu es, c'est-à-dire ce petit homme, ce petit esprit, ce petit néant, ce misérable pécheur ; quitte ces conditions malheureuses, ces biens si limités, si mélangés de mal, de boue et d'imperfections, pour participer à mes trésors et pour être avec moi. Que toute ta vie ne soit qu'une sortie continuelle de tes misères, de tes ténèbres. Entre donc dans ce désert, dans cette solitude d'esprit, de pensées, d'affections, d'inclinations où je t'appelle, pour que nous traitions ensemble seul à seul. Quand on te demandera ce que tu es venu faire ici, dis que tu n'y es pas venu, mais qu'on t'y a amené, et que c'est moi qui t'ai mis ici, et que tu y demeureras tant que bon me semblera. Dis que tu seras heureux de tomber entre mes mains, d'être abandonné à ma conduite, de n'agir plus que par moi, que par la confiance, l'amour, l'obéissance, l'abandon, l'éloignement de toute inquiétude et de tout empressement pour ta vie et tes emplois, pour ta mort, pour ta perfection, et pour tout ce qui te concerne dans le temps et dans l'éternité.

Ferme donc les yeux ; jette-toi entre mes bras ; n'agis plus que par moi-même et ne sache rien au monde, si ce n'est de m'obéir et de me suivre en tout et pour tout. »

Bienheureux Nicolas Barré, Lettre à un religieux

Samedi 9 mars 2024

Liturgie de ce jour

« Mon Dieu, je te rends grâce parce que je ne suis pas comme les autres hommes. »

« L'humilité est mère de toutes les vertus », nous disent tous les maîtres. Mais il y a la vraie et la fausse humilité : la vraie, celle du publicain, est ouverte à la grâce de Dieu, parce qu'elle ne compte en rien sur elle-même ; la fausse, celle du pharisien, se regarde et s'admire elle-même, s'enfermant définitivement sur elle-même, hermétique à la grâce de Dieu. Encore de quoi faire un petit examen de conscience ! Commençons par le portrait du pharisien :

Dieu seul a proprement le droit de dire moi et de rapporter tout à lui, d'être la règle, la mesure, le centre de tout, parce que Dieu seul est, et que le reste n'est que par sa volonté, n'est que pour lui, n'a de prix que celui qu'il lui donne.

Ce fondement posé, il est aisé de sentir toute l'injustice du moi humain. Cette injustice consiste en ce que l'homme, se considérant en lui-même, s'estime, s'aime et se croit digne d'estime et d'amour ; en ce qu'il s'établit centre de tout, et qu'il rapporte tout à lui ; en ce que l'amour qu'il a pour lui-même et pour ses intérêts est le motif secret de ses pensées, de ses discours, de toute sa conduite. Il s'envisage en tout, il se cherche en tout ; il semble que tout l'univers, que tous les hommes, que Dieu lui-même, ne soient que pour lui ; il n'estime les autres, il ne les aime qu'à proportion de l'estime et de l'amitié qu'ils lui portent : s'il les prévient, s'il les oblige, s'il les sert, c'est pour l'ordinaire son propre intérêt qu'il a en vue, et, si ce n'est pas l'intérêt, c'est la vaine gloire.

Anéantissez le moi humain, tous les crimes disparaissent de dessus la terre, tous les hommes vivent entre eux comme des frères, partagent sans envie les biens d'ici-bas, se soulagent mutuellement dans leurs maux, et chacun d'eux regarde dans autrui un autre soi-même.

Jean-Nicolas Grou, Manuel des âmes intérieures

Et continuons par le portrait du publicain :

L'humilité n'est autre chose que la vérité. Il n'y a que deux vérités au monde, celle du tout de Dieu, et du rien de la créature. Celui qui s'estime quelque chose n'est pas véritablement humble ; celui qui veut quelque chose pour soi-même ne l'est pas non plus. Mais est véritablement humble celui qui s'oublie si fort soi-même qu'il ne pense jamais à soi, qui n'a pas un retour sur lui-même, qui parle de soi comme il parlerait d'un autre, qui est très content de passer pour être sans humilité.

Celui qui ne cherche point son intérêt, mais le seul intérêt de Dieu pour le temps et l'éternité, est humble. Ne mesurons donc point l'humilité sur l'extérieur composé ; ne la faisons point dépendre d'une action ou d'une autre, mais de la pure charité : la pure charité dépouille l'homme de lui-même ; elle le revêt de Jésus-Christ : c'est en quoi consiste la vraie humilité, qui fait que nous ne vivons plus en nous-mêmes, mais que Jésus-Christ vit en nous.

François de La Mothe-Fénelon, De l'humilité

Dimanche 10 mars 2024,
quatrième dimanche de Carême

Liturgie de ce jour

**« Dieu a envoyé son Fils dans le monde,
non pas pour juger le monde,
mais pour que, par lui, le monde soit sauvé. »**

Dieu est-il indifférent à nos fautes ? Dieu n'est-il pas juge ? Mais oui, Dieu est juge ! Et en toute justice, le péché originel fait de nous des condamnés à mort. Mais notre juge est en même temps notre Père et notre avocat, et « ce qui suffisait à sa justice ne suffisait pas à son amour », nous a dit saint François de Sales (voir au 25 février). Toute l'Histoire sainte est celle de ce Père à la recherche de ses enfants :

Adam où es-tu ? Je suis venu à ta recherche et, pour pouvoir te trouver, j'ai tendu les mains sur la croix. Je ne suis pas venu pour juger ton péché, mais pour te sauver par mon amour, je ne suis pas venu te maudire pour ta désobéissance, mais te bénir par mon obéissance. Je chercherai ta vie, cachée dans les ténèbres et l'ombre de la mort, je n'aurai de repos, jusqu'à ce qu'humilié et descendu jusqu'aux enfers pour t'y chercher, je t'aie reconduit dans le ciel.

Saint Germain de Constantinople,
Sermon pour le Samedi saint

Ne faisons pas comme ces coupables qui cherchent des excuses. Dieu n'excuse rien, mais il pardonne tout ; il ne nous demande pas de racheter nos fautes, mais de nous abandonner à sa miséricorde :

C'est par la grâce de Dieu que nous avons été sauvés, non par des œuvres dont nous pourrions nous enorgueillir. (Eph 2, 8-9) Il ne nous a pas sauvés parce que nous aurions mené une vie bonne qu'il aurait admirée et appréciée, si bien qu'il se serait dit ensuite : « Venons au secours de ces hommes, car ils vivent comme il faut ! » Notre vie de pécheurs lui déplaisait, et tout ce que nous faisions lui déplaisait, mais ce que lui-même a fait en nous ne lui a pas déplu ; et c'est pourquoi il a condamné ce que nous avions fait, et sauvé ce qu'il a fait lui-même. Il a condamné les mauvaises actions des hommes, tout en sauvant les hommes, eux qui ne se sont pas fait par eux-mêmes, mais dont les actions étaient mauvaises.

Saint Augustin (354-430), Sermon 23 A

Mais, direz-vous, à quoi servent donc nos bonnes œuvres ? À quoi ? À nous obtenir la grâce d'une plus grande confiance et espérance en Dieu seul : voilà tout l'usage que faisaient les saints de leurs grandes œuvres. Elles sont, disaient-ils, si gâtées et si corrompues par notre perversité que, si Dieu nous jugeait par là à la rigueur, nous mériterions plutôt des châtiments que des récompenses.

Ne me parlez donc plus de bonnes œuvres pour avoir de quoi s'appuyer à la mort, ne me parlez que de la miséricorde de Dieu, des mérites de Jésus-Christ, de l'intercession des saints, des prières des bonnes âmes, mais non pas de la moindre chose qui fasse sentir qu'on s'appuie sur soi-même, sur ses œuvres, qu'on y met sa confiance.

Le grand mal, c'est que notre amour-propre se fourre partout, se mêle de tout et gâte tout.

Jean-Pierre de Caussade, Lettre 93

Lundi 11 mars 2024

Liturgie de ce jour

« Si vous ne voyez pas de signes et de prodiges, vous ne croirez donc pas ! »

Jésus a fait des miracles, et en douter ne serait pas conforme à la foi chrétienne :

Les discours et arguments pieux, les miracles et autres avantages de la religion chrétienne la rendent certes extrêmement croyable et connaissable ; mais la seule foi la rend crue et reconnue, faisant aimer la beauté de sa vérité, et croire la vérité de sa beauté, par la suavité quelle répand en la volonté, et la certitude qu'elle donne à l'entendement.

Et c'est pour cette foi que Jésus est venu parmi nous ; si bien que

Les contemporains de notre Seigneur virent ses miracles, et entendirent ses merveilles ; mais étant indisposés à recevoir la foi, c'est-à-dire leur volonté n'étant pas susceptible de la douceur et suavité de la foi, à cause de l'aigreur et malice dont ils étaient remplis, ils demeurèrent en leur infidélité.

Saint François de Sales, Traité de l'Amour de Dieu

Mais si les miracles et beaux enseignements nous en disent assez pour que nous suivions Jésus, cela ne suffit pas pour nous mettre en route : il nous faut encore nous convertir, et ce miracle-là ne dépend plus que de nous :

Entre les œuvres miraculeuses, la plus grande c'est la résurrection des morts ; or « il est plus grand, dit saint Grégoire, de convertir un pécheur, que de ressusciter

un mort », voire que de ressusciter tous les morts. Car la vie d'une seule âme est plus estimable que toutes les vies corporelles de tous les hommes qui ont été, sont et seront en la terre. De là vient que les miracles qui se font sur les corps ne sont que les ombres des miracles qui se font sur les âmes, quand on les ressuscite à la vie de la grâce. « Je puis assurer, dit saint Augustin, que la conversion d'un pécheur est une œuvre plus grande et plus admirable, que celle que Dieu a fait quand il a créé le ciel et la terre, et toutes les choses qui sont en la terre et au ciel ». Oui, parce qu'une âme devant Dieu est plus, non seulement qu'un monde, mais que dix mille mondes semblables à ce monde visible et matériel.

Saint Jean Eudes, Le bon confesseur

« Il vaut mieux être caché et prendre soin de son âme, que de faire des miracles et de s'oublier soi-même », nous dit l'Imitation de Jésus-Christ ; puisque le plus grand des miracles est de nous convertir, et que la grâce de Dieu fait qu'il est parfaitement à notre portée, il nous reste à passer à l'acte !

Votre soumission à sa volonté sera plus agréable à Dieu et plus utile à votre âme que si, par des miracles, vous attiriez une infinité d'âmes à Dieu, parce que les miracles s'opèrent trop souvent par la seule bonté et miséricorde de Dieu, sans que pour cela ceux qui les opèrent en deviennent meilleurs ; mais une âme résignée toute entre les mains de Dieu et à sa divine volonté, et sous sa conduite en tous événements, s'élève à une très haute perfection.

Maur de l'Enfant-Jésus, Lettre 19

Mardi 12 mars 2024

Liturgie de ce jour

« Veux-tu être guéri ? »

« Veux-tu être guéri ? » demande Jésus au paralytique. Étrange question ! Quel malade refuserait d'être guéri ? Et pourtant, nous traînons les pieds lorsqu'il s'agit de notre guérison spirituelle ! En ce temps de carême, bien sûr, nous voulons parler du sacrement de pénitence, que les Pères de l'Église n'hésitaient pas à qualifier de « médicinal », qui se célébrait de préférence durant la Semaine sainte et dont la pratique, ne l'oublions pas, fait partie des devoirs que l'Église rappelle chaque année à tout chrétien à l'approche de Pâques.

Rentrons en nous-mêmes, faisons pénitence de nos péchés, efforçons-nous de nous réconcilier avec Dieu par un sincère repentir et par tous les moyens possibles, et ne différons pas plus longtemps une action si importante. Dites-moi, si vous aviez reçu une blessure, attendriez-vous quatre ou cinq jours à la faire panser ? n'appelleriez-vous pas de suite le chirurgien pour y mettre un bon appareil ? Si vous étiez tombé dans un bourbier, si vous aviez sali vos mains, votre visage, vos habits, remettriez-vous à la semaine suivante à vous nettoyer, ou n'iriez-vous pas chercher promptement de l'eau pour vous laver ?

Jean-Baptiste Saint-Jure, De la connaissance du Fils de Dieu

« Oui, mais plus grand monde ne s'en préoccupe aujourd'hui ! Et puis si nous lisons le Carême pour les cancres, c'est que nous ne sommes pas de grands pécheurs ! » On n'attend pas d'être mortellement malade pour aller chez le médecin ! Se priver d'un sacrement, c'est toujours se priver de la rencontre du Christ :

Par la confession, vous ne recevrez pas seulement l'absolution des péchés véniels que vous confesserez, mais aussi une grande force pour les éviter à l'avenir, une grande lumière pour les bien discerner, et une grâce abondante pour réparer toute la perte qu'ils vous avaient apportée. Vous pratiquerez la vertu d'humilité, d'obéissance, de simplicité et de charité, et en cette seule action de confession, vous exercerez plus de vertu qu'en nulle autre.

Saint François de Sales, Introduction à la vie dévote

Négliger la pénitence est laisser se creuser entre nous et Jésus-Christ le fossé qui sépare une vraie vie chrétienne d'une triste médiocrité spirituelle :

Certes, celui qui voudrait observer les commandements de Dieu, ne voulant rien faire autre, c'est chose assurée qu'il ne serait pas damné, mais il montrerait bien que ce n'est pas pour Dieu ni pour son amour qu'il obéit en les observant, mais pour lui-même, afin de n'être pas damné. C'est comme celui qui se vanterait de quoi il n'est pas un bandit : eh bien, si vous n'êtes pas un bandit, vous ne serez pas pendu, voilà votre récompense.

Saint François de Sales, Vrais entretiens spirituels

À deux semaines de Pâques, informons-nous des célébrations du sacrement de pénitence qui seront à notre disposition dans notre paroisse ou notre communauté, et marquons sans attendre sur notre agenda le moment que nous réservons pour le recevoir.

Mercredi 13 mars 2024

Liturgie de ce jour

« Celui qui écoute ma parole et croit en Celui qui m'a envoyé, obtient la vie éternelle ; il échappe au jugement, car déjà il passe de la mort à la vie. »

La résurrection promise au baptême n'est pas renvoyée à la fin du monde ! Elle commence dès que l'on croit en Celui qui nous a donné Jésus : c'est cette foi, cette confiance en Dieu Père, qui nous permet d'être sauvés dès maintenant, même si c'est peu à peu que nous en acceptons et vivons toutes les conséquences. Réapprendre la confiance en Dieu, c'est tout le programme de notre carême :

C'est chose pitoyable que la fragilité humaine ! Et c'est une merveille que la puissance de la grâce en l'homme ! L'on doit tout craindre en l'une, et tout espérer de l'autre. L'humilité et la confiance sont les deux vertus les plus nécessaires à l'homme, qui est un fragile roseau, et qui n'est fort que de la grâce de Jésus-Christ, en qui les pauvres petits hommes sont couronnés ; et Jésus-Christ est couronné en eux, car ils ne peuvent vaincre le monde et la nature que par lui.

Jean de Bernières-Louvigny, Le Chrétien intérieur

Il n'y a pas d'autre origine au péché que de se méfier de Dieu : avant de croquer le fruit défendu, Adam et Ève s'étaient méfiés de Dieu, si bien qu'ils ont prêté l'oreille au tentateur. Mais c'est librement qu'ils ont décidé de se méfier de lui, et c'est par là que la mort est entrée.

Considère comme une règle certaine que toute pensée qui te retient d'aimer Dieu davantage et de lui faire davantage confiance, est un messager de l'enfer ; et comme tel, tu dois l'envoyer promener et ne pas l'admettre, car l'office de l'Esprit Saint n'est que de rapprocher les âmes toujours plus de Dieu, les enflammant de son amour, et mettant en elles une confiance renouvelée ; tandis que celui du démon est toujours de faire l'inverse, et il profite de tous les moyens possibles pour parvenir à ses fins, tels que d'inspirer des craintes, d'exagérer le poids des faiblesses habituelles, de donner à croire à l'âme qu'elle ne se dispose pas comme elle devrait, par exemple quand il s'agit de se confesser ou de communier ou de prier.

Jean de Bonilla, Traité de la Paix de l'âme

Comment retrouver cette confiance ?

La confiance que le chrétien doit avoir en la divine Providence est si grande, qu'elle exclut universellement les inquiétudes de toute sorte, et cela sans aucune réserve, puisque le Fils de Dieu ne veut pas que l'on s'inquiète même pour les choses absolument nécessaires, comme pour le manger, le boire et le vêtement. Cela n'empêche pas le soin raisonnable que l'on doit prendre des choses ; il faut même prendre ce soin, mais dans l'ordre de Dieu et comme Dieu le veut, en paix et tranquillité, faisant de son côté ce que l'on doit avec justice et avec paix, mais sans empressement de nature, attendant tout le bon succès de la divine Providence, en laquelle seulement, et en nulle autre chose, il faut mettre toutes ses espérances et sa confiance.

Henri-Marie Boudon, La Science et la Pratique du Chrétien

Jeudi 14 mars 2024

Liturgie de ce jour

« Vous ne voulez pas venir à moi pour avoir la vie ! »

Pourquoi toutes ces résistances en nous quand il s'agit d'être sérieusement chrétien ? Pourquoi avoir crucifié celui qui n'annonçait que le bonheur et le paradis retrouvé ? Pourquoi tant de martyrs dont le seul tort était de vivre l'Évangile ? Nous avons là tout le drame de l'humanité depuis ses origines. À peine le premier péché commis, Adam et Ève prennent la fuite à l'approche de Dieu, comme s'il était méchant :

Notre être réagit à l'approche de Dieu comme à l'approche d'un ennemi… L'amour de Dieu agit exactement comme un virus : ce n'est pas le virus qui donne la fièvre, mais la défense de l'organisme contre lui. L'amour de Dieu nous donne la fièvre parce que notre être se défend contre lui. Ainsi peut-on dire que l'amour de Dieu provoque la peur de Dieu : il va chercher les régions obscures de notre subconscient, il étale au grand jour leur noirceur. L'âme se rend compte qu'un seul acte de confiance suffirait pour la sauver et l'unir à Dieu, mais le désir même qu'elle en a, soulève des forces inquiétantes qui empêchent cet acte de confiance. La source d'eau-vive est à la portée de nos lèvres, il suffirait d'y boire pour que la montagne de nos péchés disparaisse dans l'océan de la miséricorde, mais l'émoi que le désir provoque tétanise le mouvement qu'il faudrait faire.

Mais alors, comment Dieu va-t-il nous rattraper ?

Nous sommes longtemps incapables de supporter l'invasion excessive de l'amour. C'est comme un estomac trop longtemps vide qu'il faut réalimenter par étapes, ou comme des yeux habitués à l'obscurité des grottes : pour remonter à la surface, cela ne se fait pas tout seul, et malgré toutes les précautions, c'est très douloureux. Avec la douceur de la colombe et la prudence du serpent, Dieu va essayer de nous habituer progressivement à cette invasion, en procédant par petites touches destinées à nous vacciner contre ces « réactions de rejet ». Mais plus il y va doucement, plus c'est long. Normalement, le traitement demande des années.

Marie-Dominique Molinié, Le courage d'avoir peur

Et nous, qu'allons-nous faire durant ces années ?

Le grand secret, c'est de se laisser conduire à Dieu : il sait parfaitement ce qui nous convient le mieux ; laissons-le donc faire, et tenons-nous fortement attachés à sa sainte volonté.

Jean Crasset,
Instructions sur l'oraison mentale

Et pour cela,

Vivre au jour la journée, heure à heure, moment à moment, sans m'embarrasser de tout l'avenir, ni du jour de demain. Demain aura soin de lui-même : le même qui nous soutient aujourd'hui nous soutiendra demain par sa main invisible. Ne nous faisons pas, par notre industrie et par notre prévoyance inquiète et aveugle, une providence aussi fautive que celle de Dieu est éclairée et pleine d'assurance. Comptons uniquement sur ses soins paternels, abandonnons-nous-y entièrement pour tous nos intérêts temporels, spirituels et même éternels.

Pierre de Caussade, Lettre 19

Vendredi 15 mars 2024

Jeûne et abstinence de viande

Liturgie de ce jour

« N'est-ce pas celui qu'on cherche à tuer ? »

Après plus d'un an de prédication et quelques mois avant sa Passion, on voit que l'étau se resserre autour de Jésus : les chefs religieux de Jérusalem ont décidé sa perte. Nous avons vu hier pourquoi Dieu nous est insupportable ; à deux semaines de la mise à mort de Jésus, sommes sûr de ne pas avoir quelques complicités dans ce meurtre ?

Ne fermons-nous pas continuellement, avec une ignorance pleine de rudesse, la porte aux bénédictions célestes ? Dieu vient à nous bien des fois dans la vie, mais nous ne connaissons pas sa face. Nous ne le reconnaissons que lorsqu'il nous a tourné le dos et qu'il s'éloigne après notre refus.

Comment se fait-il qu'avec des théories presque toujours justes, nous nous laissions si souvent égarer dans la pratique ? Une vie chrétienne qui n'a pas opéré une révolution complète dans la vie mondaine d'un homme, finit par n'être plus du tout une vie chrétienne, mais une incommode chimère qui nous embarrasse pendant cette vie sans nous rendre aucun service pour la vie future.

Il n'est personne qui ait l'intention de faire la moitié du mal qu'il fait. Aussi une grande partie de la compassion de Dieu consiste en ce qu'il regarde plus à ce que nous voulons faire qu'à ce que nous faisons. Cependant, il est bien triste pour nous d'être aussi aveugles. N'est-ce pas, après tout, la véritable misère de la vie, l'abrégé de toutes les misères d'ici-bas, de rencontrer Dieu chaque jour, et de ne pas le reconnaître lorsque nous le voyons ?

William Faber, Bethléem

Et de lâcheté en lâcheté, de complicité en complicité, les meilleurs, ou du moins ceux qui se croient tels, finissent dans la foule hurlante qui réclamera la mort de Jésus le Vendredi saint :

Détournée de Dieu, l'animalité devient folie. Elle est, en effet, tellement repliée sur soi et si abrutie qu'elle ne veut plus ou ne peut plus être dirigée. Elle se croit sagesse : elle est folie, suivant ce mot de l'Apôtre : « En se proclamant sages, ils sont devenus fous. »

Guillaume de Saint-Thierry, Lettre d'or

Comment ne pas céder à la folie lorsque la foule réclame aujourd'hui comme hier que Jésus soit crucifié ?

C'est tout de bon que je prends les résolutions de me convertir totalement à Dieu, de m'attacher uniquement à sa divine beauté et à sa bonté infinie, quittant toutes les créatures, pour lesquelles mon âme se laisse trop souvent aller.

Être chrétien, c'est ma gloire, c'est ma vie, ce sont mes délices. Pauvreté, mépris, douleurs, bassesses, je n'ai plus d'horreur pour vous, je vous chéris, puisque Jésus vous a aimées jusqu'à la mort.

Soyons donc chrétiens, mon âme. Embrassons la sagesse du Verbe incarné, et devenons fous aux yeux des hommes du monde, vrais persécuteurs des chrétiens, c'est-à-dire, de ceux qui veulent vivre à Jésus-Christ.

Jean de Bernières-Louvigny, Le Chrétien intérieur

Samedi 16 mars 2024

Liturgie de ce jour

La foule se divisa à cause de lui.

À l'approche de la Passion, les contemporains de Jésus doivent choisir, et aujourd'hui comme il y a vingt siècles, se déclarer disciple de Jésus suppose de le choisir et expose à la persécution :

Depuis l'origine des siècles, le Christ vit sa Passion en tous les siens. En Abel, il a été tué par son frère ; en Isaac, il a été sacrifié ; dans les apôtres, il a été persécuté sur terre et sur mer ; en tous ses bienheureux martyrs, il a été crucifié et tué. C'est lui qui, maintenant encore, porte notre faiblesse et nos maladies, car il est homme lui-même, exposé pour nous à tous les maux, capable de porter la faiblesse que, sans lui, nous ne pourrions ni ne saurions porter. Oui, c'est lui, aujourd'hui encore, qui porte pour nous et en nous le poids du monde, et en cela l'anéantit : c'est lui qui en toi supporte le mépris, et c'est lui que ce monde hait en toi.

Rendons grâces au Seigneur, car c'est lui qui triomphe en nous ; en prenant la condition de serviteur, il acquiert pour ses serviteurs la grâce de la liberté, opérant en nous par cet abaissement visible, notre élévation invisible dans les cieux.

Regarde où nous étions tombés dès l'origine, et comprends que c'est par le dessein de la sagesse et de la bonté de Dieu, que nous sommes rendus à la vie : en Adam, nous étions tombés par orgueil, et c'est pourquoi nous sommes humiliés dans le Christ. Ainsi effaçons-nous le péché de l'ancienne faute en nous abaissant par la vertu opposée : nous qui avions offensé le Seigneur par orgueil, nous lui plaisons en le servant.

Saint Paulin de Nole, Vie de saint Paulin

Et comment servir le Seigneur dans un monde qui le refuse ? Comment être chrétien dans un monde qui ne l'est pas ?

Jésus-Christ n'a opposé à ses ennemis que son innocence et la vérité ; il n'a pas cherché à se justifier, ce qui lui était si aisé ; il s'est laissé condamner ; il les a laissés jouir de leur prétendu triomphe ; il leur a pardonné, il a prié, il a versé son sang pour eux. Voilà le point le plus sublime et le plus difficile de la perfection.

Quiconque aspire à la vraie sainteté, et à se conduire en tout par l'esprit de Dieu, doit s'attendre à passer par les langues des hommes, à essuyer leurs calomnies et quelquefois leurs persécutions. C'est ici surtout qu'il faut se proposer Jésus-Christ pour modèle ; soutenir tant qu'on le peut, à ses dépens, les intérêts de la vérité ; ne répondre aux calomnies que par une vie innocente ; garder le silence lorsqu'il n'est pas absolument nécessaire de parler ; laisser à Dieu le soin de nous justifier, s'il le juge à propos ; étouffer dans son cœur tout ressentiment, toute aigreur ; prévenir ses ennemis par toutes sortes d'actes de charité ; prier Dieu qu'il leur pardonne, et ne voir dans ce qu'ils nous font souffrir que l'accomplissement des desseins de Dieu sur nous.

Jean-Nicolas Grou, Manuel des âmes intérieures

Dimanche 17 mars 2024, cinquième dimanche de Carême

Liturgie de ce jour

« Qui aime sa vie la perd ; qui s'en détache en ce monde la gardera pour la vie éternelle. »

En quelques mots, Jésus énonce ce dimanche la logique de l'Évangile, la logique de sa propre vie, la logique de toute vie chrétienne : « qui perd gagne ! » Nous n'en avons aucune envie, car

La nature est rusée, et elle en entraîne beaucoup, les séduit et les trompe ; et elle n'a jamais d'autre fin qu'elle-même. Mais la grâce avance avec simplicité, s'écarte de tout ce qui semble mal, et ne tend pas de piège ; elle fait toute chose purement pour Dieu, en qui elle repose comme en sa fin.

La nature travaille pour son compte, et voit l'avantage qu'elle pourrait tirer de l'autre ; or, la grâce considère plutôt non pas ce qui pourrait lui être utile et lui convenir, mais ce qui pourrait profiter à beaucoup.

La nature reçoit volontiers honneur et respect, tandis que la grâce attribue fidèlement à Dieu tout honneur et toute gloire.

La nature craint la confusion et le mépris ; or, la grâce se réjouit d'être outragée pour le nom de Jésus (Ac 5, 41).

La nature aime l'oisiveté et le repos du corps, tandis que la grâce ne peut rester à ne rien faire, mais se met volontiers au travail.

La nature cherche à avoir des choses curieuses et jolies, tandis que la grâce se délecte dans les choses simples et humbles ; elle n'est pas rebutée par des choses rudes, et ne refuse pas les vieux habits.

La nature s'intéresse aux réalités temporelles, elle se réjouit de ce qu'elle gagne sur terre, elle s'attriste de ses pertes et s'irrite d'une légère parole d'injure ; mais la grâce est attentive aux réalités éternelles, ne s'attache pas aux temporelles, ne se trouble pas non plus de perdre les choses et ne réagit pas à des paroles de dureté, car elle a mis son trésor et sa joie dans le ciel, où rien ne périt.

La nature agit entièrement pour son gain et son avantage, elle ne peut rien faire gratuitement, mais en retour de ses bienfaits, elle espère obtenir autant ou plus, ou quelque louange ou faveur ; et elle souhaite que l'on attache beaucoup d'importance à ce qu'elle fait ou donne. Tandis que la grâce ne recherche rien de temporel, et ne demande pas d'autre salaire que Dieu seul en récompense ; et elle ne désire des biens nécessaires ici-bas, que ce qui pourra lui servir à la poursuite des biens éternels.

Voilà de quoi faire encore un petit ou un gros examen de conscience !

En effet, je sens en ma chair la loi du péché qui contrarie la loi de mon esprit, et qui me conduit à l'esclavage par l'obéissance à la sensualité en bien des choses ; et je ne peux pas résister à ses passions si ta grâce très sainte n'est pas infusée ardemment en mon cœur.

Une seule solution :

Seigneur mon Dieu, toi qui m'as créé à ton image et à ta ressemblance, accorde-moi cette grâce que tu m'as montrée comme si grande et si nécessaire au salut, de telle sorte que je sois victorieux de ma nature qui me porte aux péchés et à la perdition.

Thomas a Kempis, Imitation de Jésus-Christ

Lundi 18 mars 2024

Liturgie de ce jour

**« Je ne te condamne pas.
Va, et désormais ne pèche plus. »**

Où en sommes-nous de notre chemin de pénitence ? Et plus précisément en cette fin de carême, où en sommes-nous avec la célébration du sacrement de pénitence ?

Les personnes vraiment spirituelles, vivement pénétrées de leur néant, de leur misère et de leur faiblesse, ne sont ni découragées ni abattues, ni même surprises de leurs chutes. Elles apprennent de là à se mieux connaître, à s'humilier toujours plus profondément, à se défier jusqu'à tout désespérer d'elles-mêmes, pour ne mettre plus leur confiance qu'en Dieu seul, n'attendant plus rien que de sa bonté.

Jean-Pierre de Caussade, Traité sur l'Oraison du Cœur

Quatre semaines de carême nous auront permis de prendre conscience « de notre néant, de notre misère et de notre faiblesse », et il nous reste à « mettre notre confiance en Dieu seul, n'attendant plus rien que de sa bonté ». Telle était sans doute l'état d'âme de la pécheresse de l'Évangile au moment où Jésus la sauve d'un châtiment mortel : aveu du péché et miséricorde de Dieu sont inséparables dans toute démarche de pénitence.

Aveu du péché :

Le péché n'est honteux que quand nous le faisons, mais étant converti en confession et pénitence, il est honorable et salutaire. La contrition et confession sont si belles et de si bonne odeur, qu'elles effacent la laideur et dissipent la puanteur du péché. Simon le lépreux disait que Marie-Madeleine était pécheresse ; mais Notre Seigneur dit que non, et ne parle plus que des parfums qu'elle répandit et de la grandeur de sa charité. Si nous sommes bien humbles, notre péché nous déplaira infiniment parce que Dieu en est offensé, mais l'accusation de notre péché nous sera douce et agréable, parce que Dieu en est honoré : ce nous est une sorte d'allègement de bien dire au médecin le mal qui nous tourmente.

Miséricorde de Dieu :

Quand vous serez arrivé devant votre père spirituel, imaginez-vous être en la montagne du Calvaire sous les pieds de Jésus-Christ crucifié, dont le sang précieux s'écoule de toute part pour vous laver de vos iniquités ; car, bien que ce ne soit pas à proprement parler le sang du Sauveur, c'est néanmoins le mérite de son sang répandu qui arrose abondamment les pénitents autour des confessionnaux. Ouvrez donc bien votre cœur pour en faire sortir les péchés par la confession ; car à mesure qu'ils en sortiront, le précieux mérite de la Passion divine y entrera pour le remplir de bénédiction.

Saint François de Sales, Introduction à la vie dévote

Et désormais, « va, et ne pèche plus ! »

Après nos chutes, relevons aussitôt notre courage et nos espérances à la vue d'un Dieu assez puissant, assez miséricordieux, pour nous faire trouver, au milieu même de nos chutes, le précieux trésor de la vraie humilité qui est le fondement et la gardienne de toutes les vertus, avec la totale défiance de nous-mêmes, avec la parfaite confiance en Dieu, qui sont comme les deux pôles de la vie spirituelle.

Jean-Pierre de Caussade, Traité sur l'Oraison du Cœur

Mardi 19 mars 2024, Saint Joseph

Liturgie de ce jour

« Joseph était un homme juste. »

Saint Augustin nous dit que la grandeur de Marie n'est pas tant d'avoir été la Mère de Dieu, ce qui ne dépendait pas d'elle, que d'avoir été pleinement sa disciple. De même la solennité de saint Joseph que nous célébrons en ce jour nous offre le portrait du disciple que nous cherchons à devenir en ce temps de carême.

L'acceptation de la volonté de Dieu, d'abord, est le socle de toute vie chrétienne possible :

Quoiqu'il comptât des rois pour ses ancêtres et qu'il descendît de ces souverains que Dieu lui-même avait mis sur le trône, Joseph se vit sans chagrin dans une condition basse et obscure, et ne demanda point de sortir de la voie qui lui avait été marquée. La pauvreté ne lui parut pas honteuse quand c'était Dieu qui l'avait permise. Ce fut assez pour lui de trouver dans le travail de ses mains de quoi conserver à Dieu une vie qu'il avait destinée à son service, et il considéra dans son état, non pas les révolutions d'une bizarre fortune, mais les dispositions d'une sage et adorable Providence.

Esprit Fléchier, Panégyrique de saint Joseph

L'humilité de Joseph, ensuite, est le socle de toute sainteté possible :

Au demeurant, Joseph n'était rien à Nazareth, qui elle-même était si peu de chose. Il n'y avait aucun emploi ; et hormis qu'il y édifiait constamment tout son voisinage, il n'y exerçait aucune action. Il ne passait point pour lettré, encore moins pour savant, et très probablement, selon l'homme, il n'était ni l'un ni l'autre. Tout au plus, parce qu'il était sage, discret et bon, venait-on parfois lui confier des chagrins ou lui demander des conseils. En somme, vous le voyez, c'était, dans toute la force du terme un plébéien discret et un homme effacé. Mais que cet effacement lui plaisait ! Que son âme y trouvait de repos et son cœur de délices ! Quand il y pensait, du moins ; car souvent, le plus souvent, il n'y pensait même pas.

Charles Gay, Sermon pour la fête de st Joseph

Joseph, enfin, vivait au plus haut point l'amour de la Vierge Marie, sans lequel on n'a jamais pu être chrétien :

Saint Joseph, plus heureux que les autres hommes, s'unissait à Dieu par la Vierge ; en aimant son épouse, il aimait la Mère de son Dieu. Il ne voyait rien en elle qui ne lui inspirât la piété. Ses paroles l'élevaient à Dieu, ses regards sanctifiaient son cœur, sa modestie réglait toutes ses actions, et sa beauté, par un miracle perpétuel, ne faisait naître que des pensées chastes dans son esprit : la beauté de la Vierge, qui n'avait jamais eu de commerce avec le péché, étant heureusement mêlée avec la grâce, imprimait le respect, inspirait la pudeur, répandait je ne sais quelle influence de sainteté, excitait de chastes désirs, et purifiant les yeux de ceux qui la regardaient, ramenait à Dieu les pensées qu'on aurait pu arrêter sur elle.

Esprit Fléchier, Panégyrique de saint Joseph

Mercredi 20 mars 2024

Liturgie de ce jour

« La vérité vous rendra libres. »

C'est une chose qui paraît tenir du paradoxe, et qui est néanmoins vrai, de la plus exacte vérité, que, de tous ceux qui servent Dieu, ceux-là sont les plus libres, et même les seuls vraiment libres, qui se laissent conduire en tout par l'esprit de Dieu, et que saint Paul appelle par cette raison les enfants de Dieu.

La vraie liberté est la capacité de faire ce que l'on veut, ce qui est beaucoup plus que faire ce que l'on a envie de faire, et qui revient à faire n'importe quoi. Suivre ses envies, c'est renoncer à vouloir : l'animal suit ses envies, l'homme veut ce qu'il fait, et il veut en décidant selon sa raison. La raison est le divin en nous, le *logos* grec qui est aussi bien le Verbe de Dieu, et qui nous associe à Jésus. Vivre selon la raison, c'est vivre en enfant de Dieu, vivre selon ses envies est retomber dans l'animalité : « Alors qu'il vivait dans les honneurs, l'homme a renoncé à la sagesse ; il s'est comporté comme les animaux sans raison, et il est devenu semblable à eux » (Ps 48, 13).

La plupart de ceux qui sont sincèrement chrétiens, mais faibles et lâches dans la pratique de leur devoir, ne sont pas libres. Les occasions les entraînent ; ils cèdent à la moindre tentation ; le respect humain les subjugue ; ils veulent le bien, et mille obstacles les en détournent ; ils détestent le péché, et ils n'ont pas la force de s'en éloigner. Or, ce n'est pas être libre, que de ne pas faire le bien qu'on aime, et de faire le mal qu'on n'aime pas.

Comment passer de l'envie et de la servitude, à la raison et à la liberté ?

Que faut-il donc que l'homme fasse pour corriger cette imperfection de sa liberté, et pour approcher, autant qu'il lui est possible, de la liberté de Dieu ? Il faut qu'il prie Dieu de le diriger lui-même dans le choix de ses actions, qu'il écoute au-dedans de lui la voix de la grâce, qu'il la suive et qu'il s'y abandonne. Par ce moyen il veut ce que Dieu veut ; il fait ce que Dieu lui inspire de faire ; il se garantit de tout mauvais usage de sa liberté.

Alors on se sent vraiment indépendant de tout ce qui n'est pas Dieu, et l'on jouit délicieusement de la liberté de ses enfants. On a pitié des misérables esclaves du monde ; on se félicite d'être affranchi de leurs chaînes. Tranquilles sur le rivage, on les voit entraînés au gros des flots de cette mer d'iniquités, agités de mille vents contraires, et toujours sur le point d'être abîmés par la tempête. On jouit d'un calme profond, on est maître de ses désirs, on est maître de ses actions, parce que ce qu'on fait, on veut le faire. Qu'est-ce donc qu'être libre, si ce n'est pas là l'être ?

Il y a plus, on est libre à l'égard de soi-même ; on ne dépend plus de son imagination ni de l'inconstance de sa volonté ; on est ferme et inébranlable dans sa résolution, fixe dans ses idées, décidé dans ses principes, réglé dans toutes ses actions.

Jean-Nicolas Grou, Manuel des âmes intérieures

Jeudi 21 mars 2024

Liturgie de ce jour

Dieu dit à Abraham :
« Je fais de toi le père d'une multitude de nations ; je te ferai porter des fruits à l'infini. »

Chrétiens, nous nous revendiquons fils d'Abraham, et à nous comme à Abraham, Dieu ne demande qu'une chose : la confiance la plus absolue en ses promesses.

Il faut imiter la foi d'Abraham, et aller toujours sans savoir où. On ne s'égare qu'en se proposant un but de son propre choix. Quiconque ne veut rien que la seule volonté de Dieu, la trouve partout, de quelque côté que la Providence le tourne, et par conséquent il ne s'égare jamais. La voie droite est de se renoncer, afin que Dieu seul soit tout, et que nous ne soyons rien. J'espère que celui qui nourrit les petits oiseaux aura soin de vous. Heureux celui qui, comme Jésus-Christ, n'a pas de quoi reposer sa tête ! Quand on s'est livré à la pauvreté intérieure même, doit-on craindre l'extérieure ? Soyez fidèle à Dieu, et Dieu le sera à ses promesses.

François de La Mothe-Fénelon, Lettre 183

Mais il y a des jours où Dieu nous demande apparemment l'impossible, comme il a demandé à Abraham de lui sacrifier son fils. Doit-il y avoir des limites à notre foi ?

Pauvre Isaac, consolez-vous ! Ce bûcher qu'on vous prépare est dressé des propres mains de Celui qui vous a donné la vie. Cette main armée, cette résolution à vous perdre, tout ce préparatif inhumain, toutes ces dispositions sanglantes, ne doivent pas faire tant d'impression, de crainte et de saisissement en votre âme, que le souvenir de la qualité que vous êtes fils d'Abraham et qu'il est votre père.

Un bon père ne saurait avoir que des pensées d'amour et de biens pour son cher enfant. Isaac, regardez au cœur d'Abraham, et détournez vos yeux de dessus son bras ! Admirez le poids de l'amour, et ne vous effrayez pas de la pesanteur du coup.

Ne regardez donc pas, ô enfant désolé, votre désastreuse aventure, ni les pièges et les filets où vous êtes pris. Regardez à votre père et le laissez faire. Attendez en repos les effets de son bon-plaisir. Que son vouloir vous suffise, puisqu'il ne peut être que très bon, étant le vouloir d'un très bon père pour un très bon fils.

Louis Chardon, La Croix de Jésus

Et si Abraham n'avait pas obéi, l'Histoire sainte se serait arrêtée, et nous n'aurions pas été sauvés :

De même qu'Abraham a eu un fils dans sa vieillesse, ainsi le Christ devait venir en cette vieillesse du monde : au moment où tout vieillit, il te rajeunit. La création, le cosmos, tout ce qu'il y a de périssable allait à son déclin, et les catastrophes ne pouvaient que se multiplier ; alors il est venu te consoler au milieu de ces douleurs et te promettre une éternelle tranquillité. Garde-toi de vouloir t'attacher à ce vieux monde, et de ne pas vouloir rajeunir dans le Christ, lui qui te dit : le monde s'en va, le monde vieillit, le monde disparaît, le monde s'essouffle du fait de l'âge, mais ne crains rien, ta jeunesse se renouvellera comme celle de l'aigle.

Saint Augustin, Sermon 81

Vendredi 22 mars 2024

Abstinence de viande

Liturgie de ce jour

« Tu n'es qu'un homme, et tu te fais Dieu ! »

En quoi Jésus dérange-t-il ? Le procès de Jésus accumule les prétextes pour le condamner : rival de César, révolutionnaire, blasphémateur, mauvaises fréquentations, etc. En réalité, ce qu'il y a d'insupportable en Jésus, c'est ce que déjà Adam et Ève n'ont pas supporté : que Dieu et l'homme ne fasse qu'un, que Dieu soit notre Père et que nous soyons ses enfants, que nous soyons à l'image et la ressemblance de Dieu. Tout cela est insupportable parce que tout cela bouleverserait trop nos idées et nos comportements : il faudrait nous convertir.

Tandis que nous sommes ici-bas, l'unique désir de Dieu est d'entrer dans notre cœur et d'y régner, non pour faire son propre bonheur : qu'a-t-il besoin de nous pour être heureux ? mais pour faire le nôtre, non seulement dans l'éternité, mais dès cette vie ; car il est certain, et par la raison, et par la foi et par l'expérience, qu'il n'y a point de félicité pour l'homme hors de Dieu.

Pour nous procurer ce bonheur, que fait Dieu ? Il se tient sans cesse à la porte de notre cœur : il y frappe par les lumières, les bonnes inspirations, les remords, afin de nous porter à la recherche du bien, et à la fuite du mal. Si nous étions attentifs, si nous rentrions souvent dans notre cœur, nous remarquerions qu'il y frappe à tout instant, et que, si nous ne l'entendons pas, c'est que nous nous mettons hors d'état de l'entendre.

Lorsqu'après avoir frappé plus ou moins longtemps, quelqu'un ouvre enfin la porte, Dieu entre ; il prend possession du cœur : il y établit son empire, et il n'en sort plus, à moins qu'on ne l'en chasse. Il y entre avec empressement, avec une joie que rien n'égale : il y entre avec tous les trésors de ses grâces, résolu de les communiquer sans mesure à l'âme, si elle est aussi fidèle qu'il est libéral.

Jean-Nicolas Grou, Manuel des âmes intérieures

Nous convertir ? Le carême est là pour cela :

Gémis et afflige-toi d'être encore si charnel et mondain ; si peu mortifié quant aux passions, et si enclin aux mauvais désirs ; si peu vigilant quant aux sens, si souvent pris dans les vaines imaginations ; si rapide dans le relâchement et le plaisir, si paresseux pour l'effort et la ferveur ; si curieux à entendre les nouvelles et à regarder ce qui plaît, si lent à embrasser l'humilité et l'abaissement ; si avide de posséder, si avare à donner, si dur à retenir ; si léger dans les paroles, si peu retenu pour le silence ; si généreux pour manger, si sourd à la Parole de Dieu ; si rapide pour le repos, si lent pour le travail ; si attentif aux futilités, si distrait à l'office divin ; si pressé d'arriver, si négligent dans l'attente ; si facilement distrait, si rarement recueilli ; si disposé à la colère, si peu soucieux des autres ; si enclin à juger, si vif à te défendre ; si joyeux quand tout va bien, si faible quand tout va mal ; si souvent plein de belles promesses, mais qui n'aboutissent guère dans les actes.

Thomas a Kempis, Imitation de Jésus-Christ

Samedi 23 mars 2024

Liturgie de ce jour

Il vaut mieux qu'un seul homme meure pour le peuple…

L'injustice est préférable au désordre : que de lois injustes, que d'accommodements avec nos consciences, que de victimes réduites au silence, que de misères que nous pourrions soulager… et nous préférons tourner la tête et regarder ailleurs. Bref, que de lâchetés dans nos vies ! Demain, la fête des Rameaux nous montrera Jésus acclamé par la foule, et vendredi, les mêmes réclameront sa mort. Avec la même bonne conscience.

Eh bien ! Examinons notre bonne conscience, non pas pour jouer aux redresseurs de torts ou pour souscrire à la mode de la repentance, mais pour repérer des lâchetés dans nos vies qui sont autant de trahisons du Christ.

Lâches et indignes chrétiens, par vous le christianisme est avili et méconnu ; par vous le nom de Dieu est blasphémé chez les gentils ; vous n'êtes plus qu'une pierre de scandale à la porte de la maison de Dieu, pour faire tomber ceux qui y viennent chercher Jésus-Christ ! Mais qui pourra remédier aux maux de nos églises, et relever la vérité qui est foulée aux pieds dans les places publiques ? L'orgueil a rompu ses digues et inondé la terre ; toutes les conditions sont confondues ; le faste s'appelle politesse, la plus folle vanité une bienséance ; les insensés entraînent les sages, et les rendent semblables à eux ; la mode, si ruineuse par son inconstance et par ses excès capricieux, est une loi tyrannique à laquelle on sacrifie toutes les autres.

La simplicité, la modestie, la frugalité, la probité exacte de nos pères, leur ingénuité, leur pudeur, passent pour des vertus rigides et austères d'un temps trop grossier. Sous prétexte de confort, on s'est amolli pour la volupté, et endurci contre la vertu et contre l'honneur. On invente chaque jour et à l'infini de nouvelles nécessités pour autoriser les passions les plus odieuses.

Est-ce donc là être chrétien ? Allons, allons dans d'autres terres, où nous ne soyons plus réduits à voir de tels disciples de Jésus-Christ ! Oh Évangile ! Est-ce là ce que vous enseignez ?

François de La Mothe-Fénelon, Sermon pour l'Épiphanie

Ce carême qui s'achève nous aura peut-être ouvert les yeux sur bien des lâchetés dans nos vies ; on ne peut pas être indéfiniment d'accord avec tout le monde, être chrétien quand cela ne dérange pas et païen le reste du temps.

Pourquoi ne correspondons-nous pas à notre sainte vocation ? Pourquoi tant tenir au monde ? Pourquoi ne pas le quitter, au moins d'affection, méprisant ce qu'il estime, estimant ce qu'il méprise, haïssant ce qu'il aime et aimant ce qu'il hait ? Pourquoi, après tant de sollicitations de la grâce qui nous presse, écouter encore la lâcheté qui nous retient, le caprice qui change, la paresse qui ne veut pas se gêner et l'amour-propre qui s'idolâtre ?

André Hamon, Méditation pour l'Épiphanie

Dimanche 24 mars 2024, dimanche des Rameaux et de la Passion

Liturgie de ce jour

« Béni soit celui qui vient au nom du Seigneur ! »

Jésus est acclamé par ceux-là même qui demanderont sa mort quelques jours plus tard : nos vies chrétiennes acclament Jésus, et nos péchés le font mourir. La Passion de Jésus tient dans cette contradiction qui est celle de toute l'Histoire sainte, et au-delà de toute l'humanité. Célébrer la Semaine sainte suppose de se reconnaître acteur de ce drame :

Venez, gravissons ensemble le mont des Oliviers ; allons à la rencontre du Christ. Il revient aujourd'hui de Béthanie et il s'avance de son plein gré vers sa sainte et bienheureuse Passion, afin de mener à son terme le mystère de notre salut. Imitons ceux qui allèrent au-devant de lui. N'y allons pas pour étendre sur son chemin, comme ils l'ont fait, des rameaux d'olivier, des vêtements ou des palmes. C'est nous-mêmes qu'il faut abaisser devant lui, autant que nous le pouvons, par l'humilité du cœur et la droiture de l'esprit, afin d'accueillir le Verbe qui vient, afin que Dieu trouve place en nous, lui que rien ne peut contenir.

C'est ainsi que nous préparerons le chemin au Christ : nous n'étendrons pas des vêtements ou des rameaux inanimés, des branches d'arbres qui vont bientôt se faner et qui ne réjouissent le regard que peu de temps. Notre vêtement, c'est sa grâce ou plutôt c'est lui tout entier que nous avons revêtu : « Vous tous que le baptême a unis au Christ, vous avez revêtu le Christ. » C'est nous-mêmes que nous devons, en guise de vêtements, déployer sous ses pas. Par notre péché, nous étions d'abord « rouges comme la pourpre », mais le baptême de salut nous a nettoyés et nous sommes devenus ensuite « blancs comme la laine ». Au lieu de branches de palmier, il nous faut donc apporter les trophées de la victoire à celui qui a triomphé de la mort. Nous aussi, en ce jour, disons avec les enfants, en agitant les rameaux qui symbolisent notre vie : « Béni soit celui qui vient au nom du Seigneur, le roi d'Israël ! »

Saint André de Crète, Homélie pour le dimanche des Rameaux

Nous suivrons Jésus pas à pas cette semaine. Mais dans quelle disposition de cœur et d'esprit ?

Faut-il que nous ressentions un amour purement affectif pour Notre Seigneur sur la croix ? Faut-il que nous pleurions de compassion ? Oh non, le Sauveur ne demande pas de nous seulement l'amour affectif qui nous fait jeter des larmes ou nous cause tant de désirs sans effets – l'enfer est plein de ces désirs ! Vaines sont ces tendretés, que nous voudrions pourtant avoir, comme si notre bien dépendait d'elles ; il ne les faut ni désirer ni rechercher. Cela appartient aux esprits faibles de dépendre de ces sentiments qui ne servent pour l'ordinaire qu'à perdre notre temps. C'est l'amour effectif que Notre Seigneur demande, et c'est celui-là, avec l'amour affectif, qu'il nous a montré sur la croix, joignant fort bien l'un de ces amours à l'autre.

Saint François de Sales, Sermon du 28 mars 1614

Lundi 25 mars 2024, Lundi Saint

Liturgie de ce jour

« Pourquoi n'a-t-on pas vendu ce parfum pour trois cents pièces d'argent, que l'on aurait données à des pauvres ? »

Au nom de la misère des autres, Judas nous indique une façon aussi fausse que fréquente d'aborder la Semaine Sainte, et plus largement, d'aborder la vie chrétienne : faire de Jésus un champion de la générosité, de sa croix une atteinte aux droits de l'homme et de l'Église une organisation de bienfaisance. Or, Jésus n'est pas venu nous faire la morale, mais me sauver, moi, comme s'il n'y avait que moi au monde :

Ah, mon Dieu ! que nous devrions profondément mettre ceci en notre mémoire : est-il possible que j'aie été aimé et si doucement aimé de mon Sauveur, qu'il allât penser à moi en particulier, comme s'il n'eût point eu d'autre âme au monde en qui il eût pensé. Il m'a aimé, dit saint Paul, et s'est donné pour moi, comme s'il disait : pour moi seul, tout autant comme s'il n'eût rien fait pour le reste.

Saint François de Sales, Introduction à la vie dévote

En nous créant à son image, Dieu nous a destinés à cette communion de vie avec lui, et c'est lui qui en a inscrit le désir en nos cœurs :

Que je sois exclusivement à vous, Seigneur, c'est infailliblement ce que votre Esprit veut pour moi ; c'est donc ce qu'il demande en poussant mon âme à gémir et à vous implorer. Exaucez-le, exaucez-vous !

Je sais bien que je vous appartiens toujours par nature ; c'est une appartenance d'esclave ; les choses qui ne vous aiment pas vous appartiennent ainsi, et les damnés eux-mêmes n'échappent point à ce domaine inévitable. Ce n'est donc pas cela que je veux, mais une appartenance de grâce, d'amour, de choix, de préférence ; une appartenance immédiate qui, entre vous et moi, établisse une vraie parenté ; je veux une union vivante, un mariage, servant de base et d'aliment à une entière communauté de vie, d'état, de biens ; je veux enfin une prise de possession volontaire des deux parts, et formant un lien qui ne se rompe jamais. Voilà ce que j'appelle, ce que je demande, ce que j'attends avec confiance.

Charles Gay, Élévation 124

Et c'est cette « appartenance de grâce, d'amour, de choix, de préférence » que Judas a refusé, et c'est pour elle que Jésus est mort sur la croix :

Il est plus qu'un frère, plus qu'un incomparable ami, c'est le médecin de nos âmes, notre Sauveur par état. Il est venu sauver le monde de ses péchés, guérir les maladies spirituelles, nous apporter la vie. Nous sauver, voilà son rôle, sa mission, sa raison d'être ; réussir dans cette mission, voilà sa gloire et son bonheur. Sa vie de travaux et d'humiliations, son corps sillonné de blessures, son âme abreuvée de douleur, le Calvaire et l'autel, tout nous montre qu'il a fait pour nous des folies d'amour : comment ne lui serions-nous pas chers ? En qui aurions-nous confiance, si ce n'est en ce doux Sauveur sans lequel nous étions perdus ?

Vital Lehodey, Le saint Abandon

Mardi 26 mars 2024, Mardi Saint

Liturgie de ce jour

**« Tu donneras ta vie pour moi ?
Amen, amen, je te le dis : le coq ne chantera pas avant que tu m'aies renié trois fois. »**

Nous ne nous voyons pas dans le rôle de Judas : son froid calcul pour vendre Jésus à ses ennemis nous semble d'un autre monde. Mais nous nous reconnaissons sans doute assez souvent dans le rôle de saint Pierre…

On se flatte de vouloir, et dans le fait on ne veut pas. Ce sont des désirs, des velléités, des souhaits ; mais ce n'est pas une volonté forte et déterminée. On veut être dévot, mais à sa manière, mais jusqu'à un certain point, mais pourvu qu'il n'en coûte pas trop. On veut, et l'on se borne à vouloir. On ne passe point à la pratique ; on se rebute dès qu'il faut mettre la main à l'œuvre, écarter ou forcer les obstacles, combattre ses défauts, lutter contre la nature et ses penchants vicieux. On veut aujourd'hui, on commence avec ardeur, mais on se relâche bien vite. On entreprend, et on laisse. On ne veut pas voir que tout consiste à persévérer.

« Oui, Seigneur, tu sais bien que je t'aime… », dira saint Pierre comme pour s'excuser de sa lâcheté. Comment faire pour vraiment aimer Jésus, et pas seulement avoir envie de l'aimer ?

La première résolution que doit former une âme qui veut être tout à fait à Dieu est de ne jamais commettre aucune faute avec vue et de propos délibéré ; de ne jamais agir en quoi que ce soit contre sa conscience ;

de ne jamais rien refuser à Dieu de ce qu'il lui demande ; de ne jamais dire : c'est peu de chose, Dieu me passera cette bagatelle. Cette résolution est essentielle, et il faut s'y maintenir avec une fidélité inviolable. Ce n'est pas qu'il n'échappe des fautes de premier mouvement, d'inadvertance, de fragilité ; mais ces fautes ne nous arrêtent point dans la voie de la perfection, parce qu'elles ne sont ni prévues ni réfléchies.

Mais même si nous prenons sincèrement cette bonne résolution, il est bien possible que le coq chante encore bien des fois avant que nous prenions pour de bon le chemin de l'Évangile. Faut-il pour autant désespérer ? Non, bien sûr : ce serait passer de la lâcheté de Pierre à la trahison de Judas :

Saint Paul a dit que tout tourne au bien de ceux qui aiment Dieu. Oui, tout tourne à leur bien, même leurs fautes, et quelquefois des fautes très graves. Dieu permet ces fautes pour nous guérir d'une vaine présomption, pour nous apprendre ce que nous sommes et de quoi nous sommes capables. David reconnut que l'adultère et l'homicide où il était tombé avaient servi à le tenir dans une continuelle défiance de lui-même. C'est un bonheur pour moi, dit-il à Dieu, que vous m'ayez humilié ; j'en ai été plus fidèle à observer vos commandements. La chute de saint Pierre fut pour lui la plus utile des leçons, et l'humilité qu'elle lui inspira le disposa à recevoir les dons du Saint-Esprit, à devenir le chef de l'Église, et le préserva des dangers d'une place si éminente.

Jean-Nicolas Grou, Manuel des âmes intérieures

Mercredi 27 mars 2024, Mercredi Saint

Liturgie de ce jour

Judas cherchait une occasion favorable pour le livrer.

« Judas cherchait une occasion… » Si Pierre a été faible, Judas a calculé sa trahison ; il en a cherché les moyens, il l'a voulue, il s'est coupé de Jésus, ce qui est tout autre chose que lâcher Jésus :

Judas ne céda ni à la nécessité ni à la violence, mais ce fut de lui-même, de son propre mouvement qu'il fit le mal et prit une détermination qui n'était inspirée que par sa malice.

Saint Jean Chrysostome, Homélie sur la trahison de Judas

Judas a voulu son propre malheur, et Jésus n'a pu que constater : « Malheureux celui par qui le Fils de l'homme est livré ! Mieux aurait valu pour lui qu'il ne soit point né ! » Péché mortel, donc. Mais comment Judas a-t-il pu en arriver là ? Comment risquons-nous d'en arriver là ?

Comment la femme aurait-elle cru aux paroles du serpent, si déjà son esprit n'était pénétré de cet amour de son propre pouvoir et d'une certaine et orgueilleuse présomption, qui fut révélée par cette tentation ?

Saint Augustin, Commentaire sur la Genèse

Cette « orgueilleuse présomption », voilà le déclencheur du mal, l'origine de tout péché. Ce n'est pas le vice qui nous perd, c'est le « moi humain » (voir au 9 mars), c'est d'avoir quitté notre Père. Il y a là une décision prise en toute liberté, et à partir de laquelle, coupés de la source de vie, nous tombons de péché en péché jusqu'à en mourir :

Mon grand ennemi, celui par lequel nos autres ennemis, le démon et le monde, peuvent tout contre moi, c'est moi-même, c'est ce vieil homme, ce funeste rejeton d'Adam pécheur ; c'est cet amour-propre né avec moi, développé en moi avant l'usage de ma raison, fortifié par mes passions, par les ténèbres de mon entendement, par la faiblesse de ma volonté, par l'abus que j'ai fait de ma liberté, par mes péchés et mes mauvaises habitudes.

Puisque ce « moi humain » est mon pire ennemi, le remède sera simple :

Comment combattre, comment vaincre ce terrible ennemi ? Comment m'y prendre, et par où commencer ? Hélas ! il renaîtra des coups mêmes que je lui porterai ; il s'applaudira de mes victoires, et se les attribuera comme reflet de ses propres forces.

Ah ! Seigneur, chargez-vous vous-même de cette guerre. L'amour-propre n'est mon ennemi que parce qu'il est le vôtre : attaquez-le, domptez-le, écrasez-le ; poursuivez-le jusqu'à entière destruction. Je me livre et m'abandonne à vous dans ce dessein : vous êtes tout-puissant ; ne souffrez pas que je vous résiste ; punissez-moi de la moindre infidélité ; ne me permettez pas le moindre regard sur moi-même, la moindre complaisance du bien qu'il vous plaira de faire en moi, la moindre attache à vos dons, le moindre esprit de propriété. Ne me relâchez pas, ô mon Dieu, que le vieil Adam ne soit tout à fait détruit en moi, et que le nouvel Adam, qui est Jésus-Christ, ne règne à sa place, et ne m'ait rendu saint de sa propre sainteté !

Jean-Nicolas Grou, Manuel des âmes intérieures

Jeudi 28 mars 2024, Jeudi Saint

Liturgie de ce jour

« Faites cela en mémoire de moi ! »

« Je suis avec vous tous les jours jusqu'à la fin du monde » (Mt 28, 20). Cette promesse de Jésus nous invite à prendre mieux conscience de la présence eucharistique de Jésus au cœur de nos vies. Dans nos vieux pays chrétiens, il est remarquable que l'église soit au cœur des villes et des villages, et que le tabernacle de l'eucharistie soit au cœur de l'église ; tout part de ce point de rencontre entre Dieu et nous, et tout y conduit, donnant à nos journées leur orientation fondamentale :

Il est vrai que la présence corporelle et sensible de Notre Seigneur pendant qu'il vivait au monde, était une grâce inestimable : voir un Dieu conversant visiblement avec les hommes, l'entendre parler, lui voir faire des miracles, voir éclater sur son visage les traits de la majesté divine, sa bonté, sa douceur ; le loger, lui donner à manger, traiter familièrement avec lui, c'était un bonheur qui pouvait, ce me semble, causer de la jalousie aux anges. Mais j'ose dire qu'il nous est bien plus avantageux de l'avoir avec nous de la manière que nous l'avons invisiblement présent dans la sainte Eucharistie.

Car, premièrement, dans le mystère de l'Eucharistie, il semble étendre celui de l'Incarnation à un chacun des fidèles auxquels il s'unit, et il nous rend cette même nature qu'il a daigné prendre pour nous, mais avec cet avantage que, l'ayant prise dans sa bassesse et dans ses misères, il nous la rend singulièrement élevée et unie à Dieu, pour nous y unir aussi, et pour nous élever au plus haut point de grandeur où nous puissions monter.

S'il était à Jérusalem, il n'était pas à Nazareth ; et même à Jérusalem, si on le voyait dans le temple, on ne le voyait pas dans un autre endroit de la ville. Ici nous l'avons en même temps partout dans toutes nos églises.

Ses contemporains ne l'avaient qu'en de certains temps pour quelques jours, pour quelques heures. Tout le temps qu'ils l'eurent ne fait pas trente-quatre années complètes, et encore pendant trente années entières il fut ignoré presque de tout le monde. Ici, nous l'avons à toute heure, jour et nuit, depuis combien de siècles !

Après cela, comment se peut-il faire que nous soyons si peu touchés de cet admirable sacrement ? Comment pouvons-nous aimer autre chose que lui sur la terre ? Comment pouvons-nous penser à autre chose plus souvent qu'à lui ? Et cependant, nous n'avons presque point d'autre sentiments pour sa présence, que ceux que les sens et l'imagination nous en donnent. Nous sommes sans dévotion, tièdes et stupides à son égard, parce qu'il ne trouve pas en nous de disposition aux effets de sa grâce. Et d'où vient cela ? Qu'y a-t-il en nous qui empêche les opérations de ce mystère d'amour ? des bagatelles, des riens qui nous occupent ; cependant nous en remplissons notre esprit, nous y attachons notre cœur et nous en faisons notre plaisir. Une misérable petite attache nous privera des merveilleux effets que le Saint Sacrement opérerait en nous, si nous étions bien disposés.

Louis Lallemant, Doctrine Spirituelle

Vendredi 29 mars 2024, Vendredi Saint

Jeûne et abstinence de viande

Liturgie de ce jour

Pour nous, le Christ est devenu obéissant jusqu'à la mort, et la mort de la croix.

Que s'est-il passé le Vendredi Saint à trois heures ?

Mourant entre les plus cruels et sensibles tourments que l'on puisse imaginer, souffrant des tristesses, craintes, épouvantements, angoisses, délaissements et oppressions intérieures qui n'en eurent ni n'en auront jamais de pareilles, Notre Seigneur élevé en la croix entre la terre et le ciel, n'était, ce semble, tenu de la main de son Père que par l'extrême pointe de l'esprit, et, par manière de dire, par un seul cheveu de sa tête, qui touché de la douce main du Père éternel, recevait une souveraine affluence de félicité, tout le reste demeurant abîmé dans la tristesse et ennui. C'est pourquoi il s'écrie : « Mon Dieu, mon Dieu, pourquoi m'as-tu délaissé ? »

Au milieu de la mer des passions dont notre Seigneur fut accablé, toutes les facultés de son âme demeurèrent comme englouties et ensevelies dans la tourmente de tant de peines, hormis la pointe de l'esprit, qui, exempte de toute épreuve, était toute claire et resplendissante de gloire et félicité.

Saint François de Sales, Traité de l'amour de Dieu

En nous coupant de Dieu, le péché nous avait coupé de la source de vie. En ce Vendredi Saint, Dieu lui-même vient vivre en notre mort : toutes les conséquences du péché sont retournées ; nos souffrances, nos faiblesses, nos épreuves habités par la mort sont désormais habitées par la vie.

Où est maintenant la mort ? Cherche dans le Christ, elle n'y est pas ; elle y a été, mais elle est morte en lui. Ô vie suprême, vous êtes la mort de la mort ! La mort a succombé dans sa victoire ; la mort est ainsi devenue la mort de la mort. Elle succombera pour ne plus se montrer, pour n'exister plus ni dans l'âme ni dans le corps.

Saint Augustin, Sermon pour la semaine de Pâques

Et cela éclaire toutes nos croix : qu'elles proviennent de la maladie, de la trahison, de l'injustice ou de la simple usure de ce monde, la malédiction du péché se retourne en bénédiction et en vie éternelle.

Pourquoi crains-tu de prendre la croix, par laquelle on parvient au Royaume ? En la croix le salut, en la croix la vie, en la croix la protection contre les ennemis, en la croix la venue de la douceur d'en haut, en la croix la force de l'intelligence, en la croix la joie spirituelle, en la croix le sommet de la force, en la croix la perfection de la sainteté.

Jésus t'a précédé en portant sa croix, il est mort pour toi sur la croix afin que tu portes toi aussi ta croix, et que tu désires mourir sur la croix. Car si tu meurs avec lui, tu vivras également avec lui ; et si tu partages ses épreuves, tu partageras aussi sa gloire.

Va où tu veux, cherches ce que tu veux : tu ne trouveras aucune voie plus élevée vers le haut ni plus sûre vers le bas, que la voie de la sainte croix.

Thomas a Kempis, Imitation de Jésus-Christ

Samedi 30 mars 2024, Samedi Saint

Liturgie de ce jour

Pas de liturgie en ce jour

L'Église est comme muette devant le tombeau de Jésus, et ne célèbre aucun office. Notre prière en ce jour sera dans le silence, non pas un silence d'absence, mais de recueillement et de plénitude :

Était-ce donc un lieu de mort que ce tombeau de Jésus ? Tout tombeau est un lieu de mort. Mais au fond, en réalité, pour la foi qui est la vraie lumière, était-ce la vie ou la mort qu'abritait cette tombe ? C'était la vie, une vie silencieuse, si l'on veut, une vie cachée et comme semée, attendant son moment pour éclore et paraître au monde, mais c'était bien la vie, et quelle vie ! Une vie haute, pleine, royale, maîtresse absolue d'elle-même, et qui, éclipsée trois jours pour l'avoir librement voulu, allait tout à l'heure éclater au dehors et peu à peu tout envahir, plus forte que le temps, plus vaste que l'espace, plus profonde que l'enfer.

Oui, ce qui est mort en vous, ô mon Dieu, est plus vivant que tout le reste qui vit au ciel et sur la terre. Le grain de froment va refleurir en épi ; ce n'est pas même seulement un épi qu'il devient, c'est une moisson immense devant remplir la terre, persister jusqu'au dernier jour et nourrir divinement toute notre pauvre humanité.

Toute la vie de l'Église jusqu'à la fin des temps, toute vie surnaturelle donnée aux créatures, jaillit de ce rocher creusé où votre sacré corps a reposé trois jours : votre sépulcre est le grand baptistère où tous les enfants d'Adam se plongent, pour en renaître enfants de Dieu.

Charles Gay, *Élévation 90*

Et c'est dans ce grand baptistère que s'opère la lente germination du salut du monde, dont la résurrection de Jésus sera la première et éclatante manifestation.

Ô charité persévérante, c'est toi qui en mon Jésus as accompli l'œuvre voulue par sa bonté. C'est toi qui as accompli l'œuvre de notre rédemption, faisant rentrer les perdus en l'état d'adoption. C'est toi qui as suavement fait s'endormir en paix mon Jésus ; c'est en toi qu'il s'est reposé de ses labeurs, sous ton ombre qu'il a dormi, en toi qu'il a gardé doucement le repos du sabbat, sous ton sceau qu'enfermé et enseveli il a dormi du sommeil d'amour.

Enveloppe-moi du suaire de ta chère rédemption. Embaume-moi dans le parfum de ta mort précieuse. Place-moi dans la tombe de marbre de ton cœur percé de la lance, cache-moi sous la pierre du très doux regard de ta face plus douce que le miel, afin qu'à tout jamais tu aies soin de moi. Là, là, mon bien-aimé, que je sois ensevelie à l'ombre si douce de ta paternelle dilection. Que je repose, repose, repose, en la mémoire éternelle de ta précieuse et vivante amitié. De grâce, de grâce, ô amour si fort, que ma chair se dessèche en toi. Que ma vie expire en toi, ô amour vivifiant. Qu'en toi ma substance tout entière soit réduite en cendre, ô doux amour.

Sainte Gertrude d'Helfta, *Exercice IV*

Dimanche 31 mars 2024,
Résurrection du Seigneur

Liturgie de ce jour

Voici le jour que fit le Seigneur,
qu'il soit pour nous jour de fête et de joie !

Le ciel, l'air et la terre et tout ce qu'ils contiennent, semblent rajeunir et ressusciter, passant comme de la mort à la vie en cette douce saison printanière. Le ciel qui était demeuré si longtemps sombre et obscur, semble s'être revêtu de la plus belle de ses robes de clarté ; l'air, jusqu'alors tout plein de froides humidités, de brouillards et de mélancoliques nuages, se découvre maintenant tout pur, tout calme et tout bien arrangé ; la terre, toute ridée, crottée et ternie par les rigueurs de l'hiver, apparaît maintenant toute colorée de son verdissant et fleurissant émail.

L'Église, notre Mère, restait toute mortifiée durant ce carême, ne portant que des habits lugubres, ne chantant que des chants lamentables, n'ayant d'autre contenance que triste et fâchée, comme célébrant le deuil de son cher Époux ; maintenant, comme pour vivre de nouvelles noces avec son Seigneur, elle fait tapisser et parer le mieux qu'elle peut toutes ses maisons, elle se plaît dans les cérémonies joyeuses et allègres, elle ne chante que des chants de liesse et de consolation. L'enfer ténébreux lui-même a été changé en clarté à la vision lumineuse de Notre Seigneur qui y est descendu. Les anges sont apparus avec leurs robes plus blanches encore qu'à l'ordinaire.

Alors, ô chrétiens, allons-nous demeurer, au milieu de toutes les créatures, morts et immobiles en notre laideur et tristesse ? Pourquoi ne prendrions-nous pas nos beaux vêtements ? Car je voudrais que si la saison change, nous changions nous aussi, mais pas de la même façon. En effet, cette sérénité du ciel et de l'air, cette amabilité de la terre n'est pas pour toujours et elle est sujette à l'inconstance. Embellissons donc nos âmes, puisqu'il nous faut nous revêtir à l'exemple d'un autre modèle : celui de la résurrection de Notre Seigneur, « afin que, comme le Christ est ressuscité d'entre les morts, nous marchions aussi en nouveauté d'esprit ». En effet, Notre Seigneur, comme l'aigle du psaume, a maintenant changé son plumage « il s'est revêtu de force et de gloire. » Le Christ est mort une fois pour toutes ; la mort n'aura plus d'empire sur lui.

Et c'est ici que je veux faire la conclusion générale de notre voyage, en vous disant : Notre Seigneur étant ressuscité une fois ne meurt plus, et je n'oserais pas penser que depuis, quelqu'un puisse jamais mourir.

Saint François de Sales, Mardi de Pâques 1620

Qui sont-ils ?

André de Crète (Saint, 660-740)

Né à Damas au moment de la conquête musulmane de la Syrie, André devient moine à Jérusalem, puis à Constantinople, avant de devenir évêque en Crète.

Anselme de Cantorbéry (Saint, 1033-1109)

Né à Aoste en Italie, prieur puis abbé de l'abbaye du Bec en Normandie, archevêque de Cantorbéry en 1093, d'où il connut l'exil pour sa défense des droits de l'Église. Dans la tradition de saint Augustin, son modèle, il associe une vaste culture, notamment philosophique, à une grande sensibilité spirituelle.

Augustin d'Hippone (Saint, 354-430)

Saint Augustin, fils d'un père païen et de la pieuse sainte Monique, le plus célèbre, le plus lu et le plus commenté des Pères de l'Église latine, est un berbère de l'actuelle Algérie. Son œuvre immense ouvre le Moyen Âge ; rédigée au moment où les invasions barbares marquent la fin de l'Antiquité, elle domine la théologie et la spiritualité occidentales.

Barré (Bienheureux Nicolas, 1621-1686)

D'une famille de commerçants aisés d'Amiens, Nicolas Barré étudie chez les jésuites de la ville, avant d'entrer en 1640 chez les Minimes. Après vingt ans de charges intellectuelles, il développera en Normandie un intense ministère d'éducation populaire.

Basile (Saint, vers 330-379)

Originaire de Cappadoce, baptisé par son frère Grégoire de Nysse, Basile doit accepter l'évêché de Césarée pour y combattre l'hérésie arienne. Il est l'auteur de règles monastiques et liturgiques encore en vigueur dans l'Église d'Orient.

Bernard (Saint, 1090-1153)

De noble famille bourguignonne, Bernard entre au monastère de Cîteaux en 1112. Bientôt abbé de Clairvaux, il est à l'origine d'un prodigieux renouveau monastique en Occident. Son influence sur la spiritualité occidentale fut déterminante.

Bernières-Louvigny (Jean de, 1602-1659)

Normand, Jean de Bernières-Louvigny consacrera sa fortune et ses relations à la vie religieuse de Caen, tout en assurant l'intendance de nombreuses entreprises missionnaires et charitables.

Binet (Étienne, 1569-1639)

Né à Dijon, Étienne Binet entre à 20 ans chez les jésuites. Ami de saint François de Sales, il sera associé à Jeanne de Chantal dans les débuts de la Visitation, en même temps qu'à tous les grands épisodes du renouveau catholique parisien de l'époque.

Bonilla (Jean de, XVIe siècle)

On ne sait presque rien de ce franciscain espagnol, sinon qu'il était supérieur de son couvent à Palencia (250 km au nord de Madrid) en 1571. En 1580 paraît son petit *Traité de la Paix de l'âme*. Le succès en fut immense dans toutes les langues. C'est souvent sous le nom de Scupoli qu'il fut répandu dans toute l'Europe.

Boudon (Henri-Marie, 1624-1702)

Appartenant à la grande famille mystique normande formée autour de Jean de Bernières, Henri Boudon, prédicateur et archidiacre du diocèse d'Évreux, en réforme le clergé et laisse une œuvre spirituelle de premier ordre.

Cassien (Saint Jean, 350 ?-430 ?)

Peut-être né en Provence, d'une famille riche, Cassien fréquente très jeune les ermites de Palestine et d'Égypte. En 403, il est à Constantinople, disciple de saint Jean Chrysostome qui l'ordonne diacre. Revenu en Provence, il y fonde deux monastères, qui regrouperont jusqu'à 5000 moines et moniales. Il rédige pour eux ses *Conférences*, qui inspireront toutes les règles monastiques et religieuses d'Occident, de saint Benoît jusqu'à nos jours.

Caussade (Jean-Pierre de, 1675-1751)

Issu d'une famille noble, entré chez les jésuites à Toulouse, Jean-Pierre de Caussade enseigne dans de nombreux collèges du midi de la France, avant d'en parcourir aussi le nord et l'est comme missionnaire.

Césaire d'Arles (Saint, 470-542)

Moine dans l'île de Lérins, puis évêque d'Arles en 502, Césaire fut à la fois l'un des codificateurs de la vie monastique en Occident, un pasteur dont le Saint-Siège fera son délégué pour la Gaule et l'Espagne, et un grand théologien dans la ligne de saint Augustin.

Chardon (Louis, 1595-1651)

Né dans l'Oise, d'une famille de juristes et d'hommes d'Église, Louis Chardon passera le plus clair de sa vie à Paris. Après ses études universitaires, il entre en 1618 au couvent dominicain de l'Annonciation en plein renouveau intellectuel et spirituel. Confesseur et directeur apprécié, mêlé aux querelles politico-religieuses de la Fronde, ce n'est que quatre ans avant sa mort qu'il se met à publier divers ouvrages de spiritualité, notamment des traductions de Catherine de Sienne et des *Institutions taulériennes*.

Crasset (Jean, 1618-1692)

Né en Normandie, Jean Crasset entre à 20 ans chez les jésuites à Paris, où se déroulera l'essentiel de son apostolat, particulièrement auprès des malades et dans les cercles dévots de la capitale. Prédicateur, directeur, éducateur spirituel attaqué par le Jansénisme en pleine expansion, il fut notamment l'intime de la mystique Madame Helyot (1645-1682) dont il écrira une biographie.

Cyprien de Carthage (Saint, † 258)

Berbère converti au christianisme, Cyprien devient évêque de Carthage avant de finir exilé puis martyr. Il laisse une œuvre théologique importante dont s'inspirera saint Augustin.

Eudes (Saint Jean, 1601-1680)

D'une famille paysanne normande, lié à l'Oratoire de France, prédicateur infatigable, recours de tous les pauvres, fondateur de congrégations, il incarne la Normandie mystique du XVIIe siècle.

Faber (William, 1814-1863)

Anglican converti au catholicisme dans le sillage de Newman, il fonde l'Oratoire de Londres. Brillant orateur et auteur spirituel à succès.

Fénelon (François de La Mothe, 1651-1715)

De vieille noblesse périgourdine, familier de l'entourage de Louis XIV, Fénelon devient précepteur de l'héritier du trône, le duc de Bourgogne. Archevêque de Cambrai en 1695, en semi-disgrâce après les condamnations du quiétisme, il se révélera homme de Dieu et pasteur exemplaire.

Fléchier (Esprit, 1632-1710)

Né près d'Avignon, d'une famille pauvre, ses talents de poète et d'orateur en feront l'un des familiers de la cour de Louis XIV, avant de finir évêque de Nîmes.

François de Sales (Saint, 1567-1622)

Noble savoyard, évêque de Genève en 1602 tout en résidant à Annecy, François de Sales réforme son diocèse dans l'esprit du Concile de Trente. En 1610, il fonde la Visitation avec Jeanne de Chantal.

Gay (Charles, 1815-1892)

Figure exemplaire du retour à l'Église catholique des grandes familles bourgeoises après la Révolution française, Charles Gay sera évêque auxiliaire de Poitiers aux côtés du cardinal Pie.

Gertrude (Sainte, 1256-1301)

Confiée dès l'âge de cinq ans aux moniales d'Helfta, en Saxe, Gertrude fut chantre et copiste au monastère malgré une petite santé. Elle deviendra célèbre par l'édition de ses écrits que fera la chartreuse de Cologne en 1536.

Grou (Jean-Nicolas, 1731-1803)

Né à Calais, Jean-Nicolas Grou entre à 15 ans chez les jésuites. Brillant professeur de lettres, sa rencontre avec la visitandine Pélagie Lévêque l'ouvre à la mystique. La Révolution française l'exile en Angleterre à partir de 1792.

Guerric d'Igny († 1157)

Né à Tournai, compagnon de saint Bernard, abbé d'Igny, près de Reims, Guerric représente la première génération du renouveau cistercien de la vie monastique occidentale.

Guillaume de Saint-Thierry (1085-1148)

Né à Liège, abbé bénédictin avant de passer à la réforme cistercienne comme simple moine, Guillaume fut l'ami et biographe de saint Bernard, sous le nom duquel nous est parvenu l'essentiel de son œuvre.

Hamon (André, 1795-1874)

Né en Mayenne dans une famille très chrétienne au lendemain de la Révolution, André Hamon, prêtre en 1820, entre dans la compagnie de Saint-Sulpice. À Bordeaux, Clermont et Paris, professeur, puis supérieur de séminaire, il se distinguera comme formateur du clergé dans la ligne spirituelle de saint François de Sales.

Hamon (Jean, 1618-1687)

Né à Cherbourg, Jean Hamon fut médecin avant de faire partie des « solitaires de Port-Royal », ces messieurs de la petite noblesse et de la grande bourgeoisie, retirés dans la Vallée de Chevreuse.

Huby (Jean, 1608-1693)

D'une famille de magistrats bretons, Huby étudia chez les jésuites de Rennes. À 17 ans, il entre dans la Compagnie à Paris, avant de vivre l'essentiel de son ministère à Vannes.

Jean Chrysostome (Saint, 350-407)

Né à Antioche, baptisé en 372, moine, prédicateur, puis évêque de Constantinople, Jean Chrysostome fut l'ami des pauvres et le dénonciateur intransigeant des vices de la cour, ce qui lui valut d'être banni et de mourir sur la route de l'exil.

La Colombière (Saint Claude, 1641-1682)

Jésuite, il sera à Paray-le-Monial le directeur de Sainte Marguerite-Marie, devenant un apôtre de la dévotion au Sacré-Cœur.

Lallemant (Louis, 1588-1635)

Champenois, jésuite, Louis Lallemant sera le formateur à Rouen et à Bourges de ses jeunes confrères, notamment des martyrs du Canada et de mystiques tels que les Pères Surin et Rigoleuc.

Lehodey (Vital, 1857-1948)

Né près de Coutances, Vital Lehodey entre à la Trappe de Bricquebec (Manche) en 1890, et en devient l'abbé en 1895.

Louis de Blois (1506-1565)

De noble famille, moine, puis abbé et réformateur de l'abbaye de Liessies (près de Maubeuge), il fut d'abord un amoureux de la personne de Jésus en son humanité. Érudit et grand lecteur de Ruusbroec et de Tauler, il transmet l'essentiel de la mystique nordique à l'Espagne et à la France.

Maur de l'Enfant-Jésus (1617-1690)

Ami de Surin et de Fénelon, le Père Maur fut l'un des réformateurs du carmel français au XVIIe siècle.

Molinié (Dominique, 1918-2002)

Religieux dominicain au tempérament tourmenté, Dominique Molinié laisse des ouvrages d'une rare puissance mystique.

Newman (John Henry, 1801-1890)

Fils d'un banquier londonien, acteur du renouveau anglican du « mouvement d'Oxford », Newman se convertit au catholicisme et devient cardinal en 1879.

Paulin de Nole (Saint, 353-431)

Ami de saint Augustin, contemporain de saint Martin, Paulin de Nole naît à Bordeaux vers 353 dans une noble famille romaine. Gouverneur de Campanie, il s'y convertit à la foi chrétienne à 30 ans, et devient évêque de Nole tout en menant la vie d'un moine en même temps que son épouse.

Piny (Alexandre, 1640-1709)

Alexandre Piny, dominicain géographiquement et spirituellement voisin de Claude-François Milley, représente la spiritualité du « pur amour », au moment où s'achève le siècle d'Or de la mystique française.

Saint-Jure (Jean-Baptiste, 1588-1657)

Lorrain, Saint-Jure fut professeur de lettres et de philosophie dans les collèges jésuites, en même temps que directeur spirituel.

Thomas a Kempis (Bienheureux, 1379-1471)

Représentatif des « Frères de la vie commune », à l'origine du renouveau culturel et religieux des Pays-Bas, Thomas est maître des novices des chanoines réguliers du Mont-sainte-Agnès. Il est l'auteur probable de l'*Imitation de Jésus-Christ*, l'un des textes les plus diffusés dans le monde depuis l'invention de l'imprimerie.

* * *

CENTRE SAINT-JEAN-DE-LA-CROIX
36230 MERS-SUR-INDRE
http ://www.paroisseetfamille.com

Carême pour les cancres à l'école des saints 2024
Rédaction : Père Max de Longchamp
Couverture : Brunor

ISBN : 979-10-94621-61-5

Imprimé en France par Corlet
14110 Condé-en-Normandie
N° d'imprimeur : 23120613

CREDO

à l'école des saints

par le Père Max de Longchamp

160 pages couleur, format poche : 6,50 €

À l'école des saints, les 60 textes de ce livret nous permettent de méditer les douze articles du Symbole des apôtres, résumé de la foi de notre baptême. Ces textes sont pour aider à comprendre, mais surtout pour aider à prier : les auteurs représentés dans ce petit livre sont d'abord des maîtres spirituels, et leurs enseignements viennent nourrir notre foi en même temps qu'ils nous aident à la transmettre.

NOTRE PÈRE

à l'école des saints

par le Père Max Huot de Longchamp

160 pages couleur, format poche : 6,50 €

Des milliers de fois au cours de notre vie chrétienne, la prière de Jésus vient sur nos lèvres, tantôt pleine de ferveur, tantôt dans la seule habitude de la foi, parfois presque routinière. Vingt siècles de sainteté ont été nourris de ce mot de **Père**, qui résume tout ce que le chrétien peut dire de Dieu, tout ce que Dieu peut dire de lui-même. Comme un chapelet que l'on égrène, les soixante textes réunis dans ces pages nous aident à méditer et à vivre le Notre Père au fil de ses sept demandes : toutes les époques, toutes les grandes traditions spirituelles chrétiennes y sont représentées.